위기에서 자신을 구하는 현대인의 지혜!

현대

호신술 교본

현대레저연구회편

🌀 太乙出版社

현대인의 필수 무예(武芸)
'호신술(護身術)'

　사회가 발달되고, 나라의 법이 고정되어 치안 유지가잘 된다고 하는 현대에 있어서도 '법은 멀고 주먹은 가깝다' 고 하는 말이 나올 정도로 도둑과 폭력배들이 들끓고 있 다. 이러한 사회상은 매일매일 대서특필되는 신문의 사회 면에 실린 소위 '읽을 거리'가 말해주고 있다.

　매일 오후 한 시만 되면 신문팔이 소년들은 무슨 무슨 '강도 사건이요' 하든지, 아니면 무슨 무슨 '살인사건이 요' 하고 외치며 신문을 판다. 이렇게 외치면서 신문을 파 는 소년들의 목소리를 우리는 의외로 자주 듣게 된다.

　참으로 가슴 아픈 일이다. 더구나 어떤 학부모의 말을 빌리면, 아침에 집을 나서는 아이(학생)의 손에 특별한 비상금을 쥐어 준다고 한다. 이 비상금은 단순한 용돈이 아니라 그야말로 글자 그대로 '비상금'이라고 한다. 사용 목적은 등·하교길에 폭력배를 만나면 순순히 내어주고 '화(?)'를 모면하는 것이란다. 이러한 발상은 실제로 돈 이 없어서 폭력배에게 화를 당한 경험에서 비롯된 것이라 니 참으로 안타까운 일이 아닐 수 없다.

　문명이 더 발달된 나라일수록 이러한 폭력배들의 날뜀 이 성행한다니 가긍한 일이 아닐 수 없다.

　그래서 지각있는 현대인들은 너나 할것없이 '자기의 몸 은 자기가 지킨다'고 하는 유비무환의 신념을 가지고 있

4

다. 여기에서 '호신술(護身術)'의 필요성이 강조되는 것이다.

호신술은 옛날부터 전해져 내려오고 있다. 결코 남이 대신해 줄 수 없는 귀중한 자기의 생명과 재산을 불의의 재난으로부터 막아보자는 견지에서 발전해 내려온 하나의 비전적(秘伝的)인 무술인 것이다. 따라서 호신술은 어떤 한가지 유파의 무술만을 모태로 하여 성립될 수는 없는 무술이다. 몸을 방어하고 갑자기 습격하는 적을 효과적으로 막아내기 위해서는 필요한 어떠한 조치라도 강구하지 않을 수 없는 것이다. 말하자면 모든 무술이 다 호신술의 범주에 해당하는 것이다. 그러므로 호신술은 일종의 종합무술이라고 할 수 있다.

호신술에 있어서는 아무런 준비자세가 필요하지 않다. 불시에 다가오는 재난이나 도적의 무리가 그 해악의 시기를 알려주지는 않기 때문이다. 항상 재난은 불시에 찾아온다. 아무런 방비도 없이 재난을 만나게 되면 당황하게 되고 결국은 그 후유증이 심각해지게 된다. 여기에 대비하여 익혀두어야 할 비장의 무예가 바로 호신술이다.

위기에 처해있을 때 우리에게 용기를 주고, 재난에 대비할 수 있는 지혜를 주는 호신술은 그야말로 현대인에게는 필수불가결한 무예가 아닌가 한다.

이 책은 위기에 처한 자신의 몸과 재산을 효과적으로 지키기 위한 종합 무술을 습득할 수 있는 비결을 체계있게 정리한「현대 호신술 교본」이다.

포악한 적을 상대로 자기의 몸을 지키는 호신의 행위는 결코 그냥 이루어지는 것이 아니다. 체계있는 연습과 꾸준한 훈련을 통해서만 가능해지는 실전의 무예인 것이다.

호신술에 있어서는 결코 형식적인 절차를 필요로 하지

않는다. 실전의 공격과 방어에 있어서 무슨 형식이나 절차가 필요하겠는가? 지금 당장 생명이 위급한 찰라라면 그 어떤 형식도 절차도 필요하지 않는 것이다. 위급시에 오직 필요한 것은 실제적인 무예 뿐이다. 우선 당장 상대방으로부터의 공격에 대해 방어할 수 있는 실전적인 무술만이 필요할 것이다.

이 책을 펴내는 목적은 바로 위급시에 실질적으로 사용하여 귀중한 자신의 몸을 보호할 수 있는 호신술을 널리 보급하자는 데 있다. 건전한 사상을 가진 우리 국민 모두가 다 호신술을 익혀서 건강을 도모하고, 재난을 극복해 나갈 수 있다면 보다 명랑한 사회가 도래하지 않을까 하고 편자는 기대하는 것이다.

이 책은 그 어느 무술 서적보다도 쉽고 알차게 꾸며져 있으므로 아직까지 무술에 대해 조예가 없는 초보자라 하더라도 남녀노소 누구나 다 손쉽게 구입하여 충분히 원하는 호신술을 익힐 수 있으리라 믿는다.

날마다 틈틈히 호신술을 익혀서 불의 재난에 대비하고, 나아가 보다 자신있는 삶을 살아갈 수 있다면 이 역시 뜻깊은 일이 아닌가 한다.

아무쪼록 이 책으로 말미암아 보다 명랑하고 밝은 사회가 이루어졌으면 하는 마음 간절하다. 오직 독자 여러분의 건승을 비는 바이다.

편자 씀

6

* 차 례

차 례 *

제2장 / 호신술은 이렇게 시작되었다

＊ 차 례

제3장 / 호신술의 유파(流派)는 이렇게 많다

차 례 *

제4장 / 실기편 – 기본훈련(基本訓練)

* 차 례

차 례 *

제5장 / 실기편 - 응용훈련(応用訓練)

제6장 / 호신술의 참고 지식(知識)

* 차 례

차 례 *

*차 례

제1장

이것이
호신술이다

자신이 자신을 지킨다

오늘날, 신문이나 텔레비젼 뉴우스에 살인 사건의 보도가 되지 않는 날이 없다. 길에서 찔리거나, 집을 지키고 있다가 강도에게 살해되거나, 불량배들에게 폭행당하거나, 게다가 또, 자동차나 오토바이의 보급에 따라 포주족들을 낳아, 충돌 사고도 해마다 증가하고 있다. 거기에, 신호 무시나 과음 운전의 자동차가 부딪쳐 오는 경우도 있다.

이들 불의의 사고로부터 자신의 생명을 자신 스스로가 지키는 것은 어려운 일이다. 그렇다고 해서 다른 사람이 지켜주는 것도 절대로 아니다.

무모하게 운전을 하여 당신을 친 자동차는, 주위에 사람이 없으면 그냥 지나쳐 도주해 버린다. 강도에게 침입당하여 위급한 경우에 '사람을 죽인다 ! 도와 주세요' 라고 소리 쳐도, 주위 사람들은 문을 단단히 닫은 채 도와 주려고 나오지 않는다.

아무리 죠깅이나 요가를 하여 건강을 지켜 신경을 써도, 이들의 불의 사고로부터 몸을 지키는 것은 불가능 하다. 자신의 생명을 지킬 수 있는 것은 자기 자신 밖에 없다. 자신을 자신이 지키는 방법으로써 수련해 두어야 할 것이 호신술(護身術) 인 것이다.

여담인지도 모르나, 여러 명의 여자 자매가 자동차를 타고 여행을 하다가 자동차가 충돌했다. 자동차는 다 부쉬졌는데 한 바퀴 돌아서 선 한 여자는 아무런 상처 하나 없이 무사했다. 그녀는 물론 호신술을 배운 사람이었다.

호신술(護身術)이란

편자는, 현재 실시되고 있는 스포츠로써 유도나 검도를 해본 적이 없다. 던지면 승리, 몇 초인가 누르고 있으면 승리 등의 룰은, 실전에서 통용되지 않는다. 한발로 보디에 펀치를 가한다해도 상대를 한 번에 쓰러뜨릴 수 없기 때문이다.

때문에 저자는 어렸을때 부터 유술(柔術), 검술(剣術), 봉술을 해 왔다. 그리고, 실천 수행을 주로하는 호신술에 주목하여 여러가지의 종합적인 무술을 30년에 걸쳐 연구했다.

한 마디로 호신술이라고 해도, 여기서 말하는 호신술에는 찌르며 차는 권법, 관절의 역을 취하여 조이는 기(技)를 사용하는 금나술(擒拿術), 던지는 기술, 경혈(経穴)

을 손가락 끝으로 찔러 죽음에 이르게 할 수 있는 점혈법(点穴法), 각종 무기법도 포함하고 있다.

그러면, 여기에서 말하는 호신술이란 무엇인가? 우리나라에서는 호신술이라고 하지만, 중국에서는 '공부(功夫)'라고 하는 글자로 나타낸다.

호신술로서 적합한 무술「쿵후」

본디 '공부(功夫)'에는, 무술이라고 하는 의미는 없다. 중국의 국어 사전에도 '①공부(工夫), ②연습직 역량'이라고 되어 있다. 「현대 중국 사전」에는 G의 항목(Gonfu)

■재미있는 이야기

●노예에서 맥가권(麥家拳)의 명수가 되다 － 연주(燕周)

주태(周泰)는 집이 가난하였기 때문에, 13세 때에 권법의 맥가(麥家)에 노예로 팔려 일을 했다. 무술을 좋아하던 주(周)는, 문인의 연습을 훔쳐보고는 혼자서 연습을 했다.

어느날, 홍귀영(洪貴英)이라는 차기의 명인(名人)이 맥가(麥家)에 시합을 청해 왔다. 장남도, 차남도 홍의 차기를 맞고는 모두 쓰러져 버렸다. 드디어 당주(当主)가 대응하려고할

으로써 공부(功末)의 설명이 있는데, 거기에는 '본령① ·
수완(手腕), ②수련 · 노련, ③시간 · 틈＝공부(工末)' 라
고 되어 있다.

중국의 최근 잡지에 의하면,

'우리 나라의 무술은 옛날, 무예, 무기, 무공 등으로
불리웠었다. 이것을 광동(広東) · 홍콩(香港) · 마카오에
서 는 공부(功夫＝쿵후)라고 했었다. 이것이 외국에서는
쿵후라고 말해지게 된 것이다.'

또 쿵후의 소역(小釈)으로써,

'광동(広東) 사람은 권법 이나 무술을 쿵후라고 했다.
그리고 쿵후의 달인(達人)을 호(好)쿵후라고 칭했던 것
이 쿵후의 시작이다. 쿵후라고 하는 말이 외국으로 들어
간 것은 약100년 전이다. 아메리카의 철도 공사에 광동
성에서 많은 노무자가 건너가, '이것이 무엇이냐'라고 묻

때, 끝에 앉아서 시합을 보고 있던 주(周)가 홍(洪)의 앞으로
나섰다.

"이번에는 내가 상대하겠다. 자 덤버라."

홍(洪)은 화가 나서 주(周)의 턱을 찼다. 그러나 주(周)는
맥가파(麥家派)의 쌍궁수(双弓手)라고 하는 기(技)로, 홍(洪)
의 허리를 가볍게 눌러 쓰러뜨렸다. 홍(洪)은 크게 쇼크를 받
아 한동안 일어날 수가 없었다.

당주(当主)의 맥(麥)은 이것을 보고, 주(周)를 노예의 신분
에서 해방시키고, 정식으로 문인(門人)으로서 맞아들여, 맥가
(麥家)권의 진수를 전수했다.

주(周)는 몸 놀림이 민첩하여, 마치 재비가 나는듯 했기 때
문에 세상 사람들이 연주(燕周)라고 불렀다.

자, '쿵후다'라고 대답했다. 그리고 미국인 중에서 배우
는 사람이 늘어 갔다. 유럽의 여러 나라에서도 무술이라
는 말보다 쿵후라는 말이 더 보급되어 있고, 유럽 6개국
쿵후 연맹이 결성되어 있는데, 현재는 무술이라고 고쳐지
고 있다.'

　라고 해설되어 있다. 아마, 이것이 진상일 것이다. 쿵
후에 관한 서술이 조금긴 듯 했지만, 지금까지 이 점에관
해서는 언급하지 않았기 때문에 소개해 두었다.

쿵후는 호신술(武術)이다

　쿵후에는 룰이 없다. 어디를 찌르든가 어디를 차도 상
관없다. 상대가 '졌다'라고 말할 때나, 숨이 끊어질 때가
이기는 때이다. 룰을 만들어 채점을 하는 스포츠와는 달
리, 쿵후는 능숙해지면 적은 힘으로도 상대의 급소를
바르게 찔러, 돌진해 오는 적을 쓰러뜨릴 수가 있는 것이
다. 힘이 강한 적과 힘이 약한 사람이 대결한다 해도 몸
집이 큰 사람을 적은 사람이 쓰러뜨릴 수 있으므로 체중
제(体重制) 등을 걱정할 필요가 없다.

　중국에서는 4천년 전부터, 언제나 북방의 이민족의 침
략을 받아왔고, 또 국내의 내란으로 고생하던 일반 민중
은, 자신들의 생명이나 자신들을 지키지 않으면 안되었다.
근대까지 정부의 군대는 규율도 엉망이었고, 오히려 도적
보다 악질이었으며, 약탈과 폭행을 일삼고 있었다.

　이에, 민중 사이에서는 관병에 의지하지 않는 단련체가

생겨, 각 지방마다 쿵후가 실시되게 되었다. 그리고 쿵후
는, 실전을 거듭하면서 개량되고 연구되어 점점 정밀하
게 되었다.

이와 같이, 쿵후는, 남자도, 여자도, 노약자도, 어린이
도, 즉 몸이 작거나 힘이 없는 사람이라도, 자신의 생명
은 자신이 지켜야 하는 상황 속에서 고안, 만들어진 것이
다. 때문에, 중국의 쿵후는 실전 그 자체이며, 우리나라
의 스포츠·격기(格技) 등과는 전혀 다른 성질의 것이다.

반복하여 말하는데, 실전의 체험 속에서 힘의 강약,
체격의 크고 작음, 남녀의 성별, 노소의 연령차에 관계없
이, 강대한 적에게 이기는 방법을 생각해 낸 것이다. 이
것이 바로 쿵후인 것이다. 그러므로 쿵후는 스포츠가 아
니다. 무술인 것이다.

■ 재미있는 이야기

● 맹견 (猛犬)의 급소를 찼다 – 황비홍 (黃飛鴻)

언젠가, 맹견을 데리고 광동에 온 서양인이 맹견과 싸워서 이긴 사람에게는 상금을, 진 사람에게는 벌금을 받는다는 선전을 하면서 흥행을 하고 있었다. 유명한 권사(拳師)가 몇명이나 도전했지만, 한명도 맹견에게 이긴 사람이 없었다.

소문은 듣고 황비홍(黃飛鴻)은 매일 시합장에 가서는 맹견과 권사의 모습을 보고, 어떻게 하면 이길 수 있을까 궁리하던 중, 맹견의 급소를 차야한다고 생각 해 냈다. 몇일 후, 맹견과의 시합을 신청한 황은, 만원의 관객 앞에서 느긋하게 맹견과 마주 하였다.

어금니를 내 놓으며 겁을 주는 맹견을 향하여 황은 오른손을 천천히 올렸다. 개가 당연히 오른손을 물어 뜯으려고 뛰어오르는 순간 몸이 길게 뻗쳐 지자, 황은 재빠른 동작으로 오른발로 개의 급소를 차 올렸다. 그러자, 한번 비명을 지르고는, 그 무서운 맹견도 일순간에 숨이 끊기고 말았다.

관중은, 황의 작전의 훌륭함과 그림자와 같은 그의 발 놀리는 묘기에 큰 찬사를 보냈다.

호신술 쿵후는 건강법이다

옛날, 무사 사이에서 건강법으로써, 토납(吐納)의 법, 도인(導引)의 법, 안마(按摩)의 법 등이 실시되었다.

토납(吐納)의 법이란 토고납신(吐故納新)이라고도 하며 오래된 기(공기)를 토해내고 새로운 기(공기)를 들어 마신다는 것으로, 소위 복식 심 호흡을 말한다. 여기에는 단전(丹田)을 포함하여, 횡격막을 내리고 숨을 들이 마시고, 하복부를 오목하게 하여 숨을 내쉬는 '순(順)의 토납(吐納)법'이 있다. 쿵후에서는, 이 반대의 토납(吐納) 법을 사용한다.

도인(導引)의 법이라고 하는 것은, 팔단금(八段錦)이나, 역근행(易筋行), 최근에는 기공(気功) 등으로 불리우고 있다. 단독으로 실시하는 건강 체조로 많은 파(派)가 있다. 저자가 실시하고 있는 것은, 근세의 형의권의 대가인 왕향제(王鄕斉)가 전한 비법이며, 동작의 하나하나가 모두 무술의 공(功)이 되며, 공(功)을 취하는 것에 의해 건강하게 되고, 또 쿵후에도 강한 위력을 발휘할 수 있게 된다.

이 토납법(吐納法)과 도인(導引)의 법을 쿵후에 동시에 사용하는 것이 태극(太極), 음양(陰陽), 강유(剛柔), 신축(伸縮) 등의 동작의 일치이다. 이것을 천천히 실시하여, 전신의 운동과 호흡이 일치하도록 해야 한다.

안마(按摩)의 법이라고 하는 것은, 많은 프로에 의해 실시되어지는 건강 치료의 한 가지이다. 안(按)이라고 하는 것은 손바닥으로 누르는 것이며, 마(摩)는 문지르고

주무르는 것이다. 안(按)은 쿵후에서도 추수(推手)로써
중요한 기법이며, 많이 사용되고 있다.

 이렇게, 이슬을 먹고 장수하는 선인이나 도사들의 건강
법이 쿵후 속에 받아들여져 있다. 그러므로, 정통한 전통
권을 이어 받은, 고전 의학에도 통하고, 또 현대 의학에
도 바른 견식을 갖고 있는 지도자에게 배우는 것이 중요
하다. 이러한 지도자는, 우리 나라에는 그다지 없지만…

호신술은 정신 수양이 된다

 자신의 신체를 움직이고, 운동하는 것은 정신 수양이
된다고 한다. 거기에 쿵후를 수행하는 것으로 자신은 쿵
후를 배우고 있는 것이다. 바른 전통권(伝統拳)을 좋은
스승에게 배우면 모르는 사이에 자각이 생긴다. 이제까지
거의 자기 자신의 주장이 없던 사람이 놀라울 정도의 발
언을 할 수 있게 된다.

호신술의 특징을 들면, 다른 유파와는 달리 그냥 보기에는 단순한 동작으로 보여도, 전신 운동이며, 정신 집중이 가능하기 때문에 공부에도 도움이 되어 생각지도 않은 효과를 거둘 수가 있다. 또, 기(気)를 키우고, 마음을 안정시켜, 신체 운동을 통하여 마음을 닦아 바른 인간으로써의 성장을 기대할 수 있는 것이다.

자신을 지키는 호신술 쿵후

폭력배들로부터 몸을 지키는 기술이 즉, 호신술이라고 한다면, 폭력배들로부터 공격을 받지 않도록 주의하는것. 즉, 방범이 우선 제1의 호신술이다. 저자가 전문 의학적인 위치에서 말하자면, 건강에 주의하고, 적당한 영양을 취하고, 건강 체조 등을 실시하는 것으로, 방범은 이들의예방 의학, 건강학에 상당한다. 또, 폭력배에게 공격당하여 그들과 싸우는 것은, 의학적으로는 병에 걸려 치료를 받는 것과 마찬가지인 것이다.

그러나, 아무리 자신이 주의해도, 방법이 되지 않는 경우가 있다. 그와 같은 경우야말로, 쿵후의 호신술이 진가를 발휘하는 경우이다. 단, 적에게 손을 잡혔거나, 껴안겼을 때는, 주먹의 맹격으로 적을 쓰러뜨리거나, 눈을 찌르거나 하는 것보다, 이런 때는 금나술(擒拿術)을 사용하여 손을 풀거나, 껴안긴 몸을 흔들어 빼는 정도가 적당하다. 자주 호신술의 책에는, 전혀 무술을 배우지 않은 젊은 여성이 폭력배나 불량배들을 등으로 받아 쓰러뜨리고 있는 사진이 실려있다. 그러나 이것은 전혀 불가능한 이야기이다. 역시, 도장을 통하여, 그리고 또, 집에 돌아가서도 혼자서 습득해야 가능한 것이다. 그러나, 무술의 도장이라 하더라도, 단지 건강법으로써의 훈련을 하고 있는 곳이 많으므로, 반드시 호신술을 배우는 곳인가 아닌가를 확인한 다음 입문하도록 한다. 또 호신술을 한다고 하면서도 발레와 같은 아름다운 동작만을 가르치는 곳도 있고 무술로써 전혀 쓸모없는 것을 가르치는 곳도 있으므로 더욱 주의가 필요하다.

급소를 공격한다—
점혈술(点穴術)

■재미있는 이야기

● 독일 병사의 총탄에 쓰러지다 ─ 정연화 (程廷華)

무술로서의 호신술에 대한 전문가의 대부분은 의학 (한 방) 에도 통달해 있다. 골절이나 타박의 치료법을 비롯하 여, 경혈(経穴) 이라고 하는 급소(빠르게는 뜸을 뜨는 곳) 의 지식이 있으며, 침뜸이나 지압을 직업으로 하고 있는 사람도 있다.

토납(吐納)・도인(導引) 법에서 고안된 기공(気功) 도, 중국에서는 병원 내에서 건강법, 이학 요법의 한과로 설 치되어 있어, 리하빌리테이션과 같은 역활을 하고 있다. 저자의 권법의 스승인 비석영(裴錫栄) 노사(老帥) 는, 상 해에서 권법을 상세하게 가르치셨으며, 또 지압이나 기공 연구소 등에서 많은 환자를 치료하시고 계신다.

이 한방 의학에도 있는 경혈(経穴) 의 체험적 연구에서 생겨난 것이 점혈술(点穴術) 이라고 하는 무술이다. 우리

정연화는 어려서부터 무술을 좋아하여, 각파(各派)의 권을 익혔다. 동해천(董海川) 에게 팔괘장(八卦掌) 을 배우고 수년 뒤에 오의(奥儀) 를 받을 정도의 권법의 명인으로 그 이름은 북경안에 널리 알려져 있었다.

의화단 사건으로 8개 국가의 연합군이 북경을 공격하였는 데, 어느 날, 숭문문(崇文門) 밖으로 나간 정(程) 은, 독일 병사들에게 연행되어 신체 검사를 받았다. 독일 병사가 갑 자기 때렸다. 정은 그 권법을 갖고 독일 병과 싸워 몇명인가 를 죽이고 집으로 도망쳤다.

뒷일이 두려워 정은 방 깊은 곳에 숨어 있었지만, 이내 무 장을 한 독일 병사들이 와서, 범인을 인도하지 않으면 이 마 을 주민을 모두 죽이겠다고 하면서 주민들에게 총을 겨누었다. 정(程) 은 주민들에게 폐를 끼칠까 걱정하여 모두가 말리는 것을 듣지 않고 독일 병을 향하여 돌진했다.

혼자서 분투하여 많은 병사를 쓰러뜨렸으나, 그 자신도 총 탄에 쓰러져, 마침내 일세의 영웅도 덧없이 이세상을 떠났다.

나라에서는 이름 뿐으로 술기(術技)는 알려져 있지 않지만, 호신에 강력한 효과를 발휘한다.

경혈(経穴 : 급소 즉 침뜨는 장소)은 급소라고도 하며, 3백 6십 5군데가 있다고 한다. 그러나 권법으로써 치기 쉽고, 큰 쇼크를 주는 경혈(経穴)은 그렇게 많지 않다. 중국의 권법가는 침 뜨기 등으로 치료하면서, 그 오랜 경험과 한방 의학의 이론을 기반으로 하여 점혈(点穴 : 경혈을 손가락으로 찌른다) 술과 혈도(穴導 : 경혈과 권법의 이론)를 완성시켰다.

그리고 권법에서 실제로 실시되는 경혈은, 그 작용에 따라 4종류로 분류시킬수 있다.

①사혈(死穴)

대면 즉사하든가, 수일 후에 죽는 경우도 있다.

②혼현혈(昏眩穴)

눈이 어지러워, 실신하여 쓰러진다.

③아혈(啞穴)

너무 아파서 말을 할 수 없게 된다.

④마혈(麻穴)

저림, 마비로 움직일 수 없게 된다.

그러나 이들 경혈(経穴)도 가볍게 대는 경우와 강하게 대는 경우 그 효과에 차이가 난다. 또, 이 4종류의 경혈(経穴)에 각각 8개의 급소를 배치하여, 32개의 요혈(要穴)의 비전(秘伝)으로써, 옛날에는 인격이 뛰어난 2사람에게만 하사했다.

호신술의 기본 —— 발경(発勁)

경(勁)이라고 하는 것은, 단순히 근육만이 아니라, 호흡, 허리 비틀기, 어깨나 엉덩이의 힘이 빠질 정도의 전신일치의 총합 동작을 갖고, 재빨리 스피드하게 움직임으로써, 더욱 강력한 위력을 발휘시키는 것으로, 쿵후의 특징도 여기에 있다.

발경(勁発)을 연습하기 위해서는, 몇가지 기본적인 요령이 필요하다.

우선 오른발을 앞으로 내고, 왼쪽 오른쪽 번갈아 주먹 찌르기를 연속하여 몇회 실시한다. 거기에 발을 바꾸어 실시한다. 이 경우, 실행해야 할 것은 다음과 같은 것이 있다.

- 상체를 똑바로(신체 中正) 한다. 자세를 낮추고 중심을 안정시킨다.
- 어깨를 내리고, 힘을 넣지 않는다.
- 주먹을 내 찌를 때 숨을 내쉬고, 주먹을 끌어당길 때 숨을 들이 마신다.
- 가슴을 당기고, 등을 원통형이 되도록 한다.
- 뒷발의 뒤꿈치는 단단히 땅에 붙이고, 절대로 올리지 않는다. 찌를 때는 뒷발의 무릎을 구부리고 허리를 비튼다.
- 앞발의 무릎은, 직각 이상으로 앞으로 구부리지 않는다.
- 주먹은 천천히 내 찌른다. 치는 순간에 주먹을 비틀고, 힘을 넣어 주먹을 쥐고, 아랫배 부분에 힘을 넣어 스피드하게 찌른다.

이상을 천천히 실시하고, 정확하게 전신 일치가 되면 스피드를 서서히 올린다.

발경(発勁)이란, 바른 자세에서 반복하여 내는 스피드

있는 주먹을 말한다. 공(功)을 취하면, 주먹을 허리에서
내지 않아도, 3센치의 거리에서 찔러도, 3미리의 거리에
서 거의 상대의 몸에 주먹을 붙인 채 찔러도(분경(分勁))
맹렬한 충격을 줄 수 있고, 때로는 형의권의 교금당(喬錦
堂)과 같이 상대를 죽음으로 이르게 할 수 있는 것이다.

상대에게 가하는 충격의 강도는, 물리학적 숫자로는 m
－Ｖ이다. m을 주먹의 무게라고 생각하면, 사람에 따라 그
큰 차는 없기 때문에 계산에 넣지 않아도 좋다. Ｖ는 스피
드 이므로, 주먹을 내어 지르는 스피드가 얼마나 중요한
의의를 갖고 있는지 알 수 있다.

바른 자세, 호흡, 허리 비틀기 등 전신이 협조하여야
비로소 스피드도 빠르게 되고, 발경(發勁)의 공(功)이 된
다. 경(勁)에는 인경(引勁)이나 축경(蓄勁) 등 여러가지
가 있으며, 발경(發勁)만이 경(勁)인 것은 아니다.

■재미있는 이야기

● 사랑에 빠져 자살을 하다
——주왕(紂王)

차기에도 여러가지 종류가 있다

발경(發勁)의 연습과 동시에 몸의 전진, 푸는 방법 등을 실시하고, 차는 방법의 훈련도 들어간다. 우리나라에서는, 단지 차기라고 하나의 단어로 취급하고 있지만, 일반적으로 권법에서는 차기의 방법에 따라 각 명칭을 달리 사용하고 있다.

● **탕각 (踢脚)**

보통 차기라고 일컬어지고 있지만, 중국에서는 신을 신고 실외에서 실시하기 때문에, 발 등의 부분으로, 주로

은 왕조의 최후의 황제 주왕(紂王)은, 천하의 영웅으로 평판이 높다. 머리가 좋고, 근력도 누구 보다 뛰어나 있었다. 손으로 여우를 때려 죽이고, 말과 경주해도 말보다 빨랐다. 또, 두꺼운 철로된 자물쇠를 똑바로 폈으며 소를 한 번에 쓰러 뜨렸다. 게다가 호신술의 대가(大家)이기도 했다.

그 주왕(紂王)도 처음에는 현명한 신하들의 도움을 받아 훌륭한 정치를 하였으나 아름다운 비(妃) 저사(妲巳)와 사랑에 빠져 밤마다 주연을 베풀고, 인민들로부터 과중한 세금을 거두어 들였고, 자신의 명에 거역하는 자에게는 참혹한 형을 가하였다. 이 무도함에 저항하여, 주(周)의 무왕(武王)이 목야(牧野)에서 싸웠다.

주(周)의 병사는 주왕(紂王)을 목표로 쇄도하여, 황비호(黃飛虎)라고 하는 용맹한 장수가 주왕(紂王)을 큰 칼로 치려 하였으나 실패하였다. 겨우 적진을 탈출한 주왕(紂王)은 궁중에서 보석이 아로 새겨진 옷을 입은 채, 자살을 하고 말았다.

급소를 차 올린다.

● 등각 (蹬脚)

발끝을 젖혀, 주로 뒤꿈치로 상대의 하복부 등을 친다.

● 단각 (踹脚)

소위 발의 날로, 발의 발가락 면으로 몸을 옆으로 하여 찬다.

● 채각 (踩脚)

발끝을 밖으로 향하고, 거의 평행하게 상대의 무릎 등을 밟는다.

상세한 것은 기본 훈련 부분에서 말하겠지만, 각종의 받는 방법도 익혀, 받기와 공격이 동시에 이루어지는 것도

호신술의 특징 중 하나이다. 받은 다음 뒤로 찌르는 것과, 받고 공격하는 것이 동시에 이루어지면 실전에 있어서 승패의 차가 커지게 된다. 또, 주신(周身) 협조, 상하상수(相随)라고 하여, 전진과 공격이 동시에 이루어지고, 전신이 하나가 되어 목적을 달성하기 위하여 손발이 따로따로가 아닌, 전신 통일된 움직임을 취하는 것도 호신술의 특징이다.

이와 같이, 때에 따라서, 금나술(擒拿術)을 사용하고, 점혈법을 응용하고, 받기와 공격을 동시에 실시하는 권법을 사용하고, 때에 따라서는 무기를 이용하고, 또 손에 가까운 생활 용구조차 무기로써 이용하는 호신술이야말로, 현대의 이상적인 자기 방어의 무술이라고 말할 수 있다.

호신술은 무엇이라도 무기가 된다

현재, 우리 나라에서는 일반인이 무기류를 갖고 있는 것은 법률로 금지되어 있다. 그렇지만, 위급한 경우, 손 가까이 있는 것, 생활 용품이 무기로써 역활을 한다. 양산으로도, 부채로도, 볼펜으로도 유력한 무기가 되게 할 수 있다. 또, 더운물을 적의 얼굴에 끼얹는다거나, 손 가까이 있는 생활 용품을 던져, 적이 주춤하는 틈에 도망가거나, 반격하는 것은 중요하다. 공격해 들어올 때에 반격하여 자신의 몸을 지키는 것은 정당 방위이며 법률로써

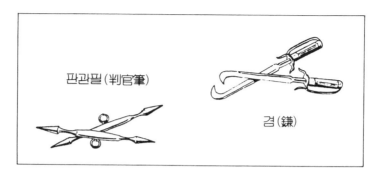

판관필 (判官筆)

겸 (鎌)

도 보호되기 때문에, 몸 가까이 있는 물건을 이용하여,
귀중한 생명을 보호하는 것은 중요한 일이다.

몸가까이 있는 물건을 이용하여 위험으로부터 탈출한
이런 예가 있다.

밤길을 날이 저문 뒤 집으로 돌아가기 위하여 걷던 여
고생이, 4, 5명의 폭력배에게 습격당했다. 이미 늦었구나
하고 단념하려는 순간 머리에 따금하고 찔리는 것이 있었
다. 그 핀으로 덤벼 드는 폭력배의 귀를 힘껏 찔렀다. 너
무 아픈 나머지 비명을 크게 질렀기 때문에 다른 나머지
폭력배들이 겁이 나 도망가 버렸다. 소녀는 가까운 농가에
들려 경찰에 신고했다. 경찰이 이비인후과에 수배를 하여
그 중 하나를 잡았기 때문에 결국 그들 전원을 체포하였
다.

호신술은 모든 것을 무기로 사용할 수 있다. 어떤 경
우에라도, 최후까지 단념하지 말아야 한다.

호신술에 있어서 빼놓을 수 없는 것으로 무기법이 있다.
맨손으로 싸우는 것보다, 무기로써 이용할 수 있는 것이
있으면, 그것을 사용하여 싸우는 것이 강하다. 호신술의
실전적인 면은 이런 것에 있는 것이다. 다음에 우리 나라
에서 볼 수 없는 무기를 일러스트로 소개하겠다.

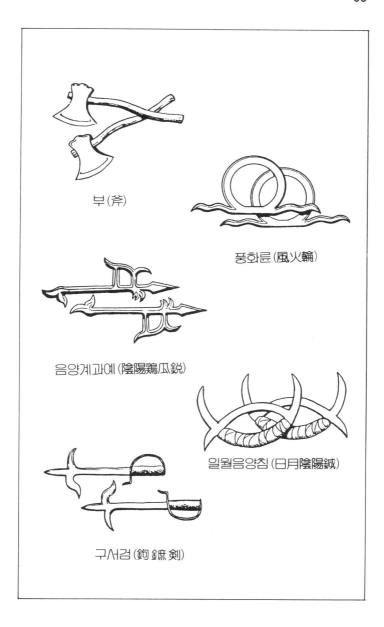

부(斧)

풍화륜(風火輪)

음양계과예(陰陽鶏瓜鋭)

일월음양침(日月陰陽鍼)

구서검(鉤鋤劍)

또 호신술에서는, 전신이 무기가 된다. 얼굴, 머리, 후두부, 어깨, 손가락, 손바닥, 손등, 주먹, 팔꿈치, 손목, 하복부, 무릎, 발끝, 발바닥, 뒤꿈치, 이, 뒤 허리 등, 신체 각 부분의 거의를 사용하여 적을 친다. 손바닥으로 수평하게 위에서 치면 철사장(銑砂掌)이 되고, 손바닥으로 치거나, 금나술(擒拿術)을 걸거나 하여 신체 사지(四肢)를 사용하는 방법은 다양하며 그 효과도 높다.

겉모양의 화려함에 놀라지 말라

최근의 각국 무술계는, 무술과는 관계없는 세밀한 룰을 정하여 액션화 해 왔다. 화려한 복장으로 신체조와 같은 화려한 동작을 세밀한 룰에 따라 채점하는 것은 이미 스포츠이며, 호신술은 아니다.

편자는 옛날 방법으로 한 길만을 50년, 연구, 전승에 힘을 기울여 왔다. 여기에서 말하는 호신술이란, 유혈 참학의 비극의 와중에서 피와 땀, 생명을 받쳐 만들고 지켜온 전통 호신술이며, 신체조와는 다르다.

편자는 어떤 선생으로부터 구전받았다.

'싸우는 손을 꺾였으면 발로, 손발 모두 꺾였으면 뒤엉켜서라도 적을 쓰러뜨려라. 죽임을 당하면 나쁜 영혼이 되어 버리므로 끝까지 하라. 이 정도의 신념이 없으면 생명을 받쳐도 승부에서 이길 수 없다. 박력을 나타내면, 맞아 싸울 사람이 없을 것이다' 라고.

또 한 가지 말하겠다.

옛날 중국에는 강야류십문자창술 (岡野流十文字槍術)
이라고 하는 일파가 있었다. 이 유파는 본래는 십문자가
아닌, 똑바른 소창(素槍)이었다. 어느 날 무엇인가의 원
인으로 창의 선생과 검의 명수가 맞섰다. 역시 긴 무기에
는 유리한 점이 있어, 검의 명수의 가슴을 뚫었다. 검의
명수는 검을 상단으로 준비하여, 찔린 그대로 두고 똑바
로 상단에서 창의 선생을 한칼에 양쪽으로 절단했다. 안
타깝게도 두 명 모두 죽어 버렸다. 이것이 강야류십문자
창(岡野流十文字槍)의 기원이다.

우리들 무술을 습득하는 사람에게는 이 신념과 기백이
필요하다. 이 기백을 나타내면, 강탈자, 불량배들은 대부
분 손을 쓰지 못한다. 나는 항상 문인(門人)들에게 이 말
을 들려 준다. '무술은 입장료를 받고 사람들에게 보여주
는 연극과는 다르다'라고 가르치고 있다.

제2장
호신술은
이렇게 시작되었다

호신술의 역사는 황제(黃帝) 치우(蚩尤)의 싸움으로 거슬러 올라간다

약 5천년 전, 땅이 비옥하여 물산이 풍부한 황하 유역에 2개의 큰 부락이 있었다. 묘(苗) 부락과, 하(夏) 부락이었다. 이 양 부락은 서로 싸움이 끊이지 않았다.

또, 하부락에는 2명의 유력자(有力者)가 있어서 서로 싸우고 있었다. 즉, 황웅(黃態) 씨족의 존장(尊長) '황제(黃帝)'와 적웅(赤態) 씨족의 존장(尊長) '염제(炎帝)' 였다.

황제(黃帝)는, 문자, 음악, 양잠, 의복, 활, 화살, 집, 배, 수레 등을 발명했다고 일컬어지는 문화인이었다. 염제(炎帝)는 용감한 인물이었으나, 3차례의 싸움에서 패하여, 황제(黃帝)는 하(夏)부락을 통일하여 하족(夏族)의 장(長)이 되었다.

그 무렵 묘(苗) 부락에도 치우(蚩尤)라고 하는 강력한 인물이 나타나 점점 하(夏)로 공격해 들어왔다. 치우(蚩尤)는 도술을 사용하여, 깊은 안개를 만들어 황제(黃帝)의 군대를 헤매게 했기 때문에, 황제(黃帝)의 군대는 언제나 졌다. 그래서 황제(黃帝)는, 안개 속에서도 방향을 틀리지 않도록 지남차(指南車)라고 하는 무기를 발명하여, 마침내 대전에서 치우(蚩尤)의 군대를 무찔렀다. 그리고 치우(蚩尤)를 잡아 죽이고, 하(夏)와 묘(苗)의 양 부락을 통일하였다. 이후 황제(黃帝)는 생산력을 증대시키고, 또 문화도 발달시키는 것과 함께 주위의 부락을 점차 흡수하여 그 주인이 되었다. 이렇게 하여 황제(黃帝)는 전설 속의 중국 개국의 시조로서 존경받고 있다.

또 한편 패한 치우(蚩尤)는, 각저(角抵) 권법의 시조라 하여 역시, 쿵후의 전설에 나오고 있다.

제(斉) 나라에는 권법의 명인이 많았다

권법의 역사는 오래 되었다. 치우(蚩尤)의 각저(角抵)의 기(技)를 비롯하여, 시경(詩経)이라고 하는 고서(古書)에도 '권법이 불가능하고, 용기가 없는 자는 직계(職階)를 내린다'라고 되어 있다. 이것은 이미 그 때에 권업이 있었음을 나타내고 있는 것이다.

춘추(春秋) 시대, 제(斉)나라 (지금의 산동성)에서는 '각각의 지방에서 권법을 오래 익히고, 용기가 있는, 손발의 힘이 누구 보다도 뛰어난 사람이 있으면 보고하라!' 라고 포고하여, 권법의 명수를 모아, 각 지방의 교사로써 민중에서 가르쳤다. 이 때문에, 후의 전국 시대가 된 다음, 제(斉)의 권법은 용명(勇名)을 드높였다. 이 전통 때문인지 산동성(山東省)에서는, 팔극권(八極拳), 당랑권(螳螂拳), 사권(査拳) 등, 현대에도 유명한 권법이 많이 탄생했다.

또 춘추 시대에는 철이 사용되어, 여러가지 농기구가 만들어져 농산물이 증산되었다. 물론, 무기도 철제로 만

들어져 날카로움이 배가 하였다. 이제까지 많이 만들어
지던 동에 비하여, 오히려 철 쪽이 값이 싸기 때문에 무
기의 종류도, 양도 풍부해졌다.

측천무후(則天武后) 무권(武拳)

수나라는 겨우 3대에 망하고, 당나라 왕조가 되었다.
당(唐)의 시조, 태종은 '정관(貞観)의 치(治)'라고 일컬
어지는 선정(善政)을 베풀었다. 그 태종의 아들, 고종은
병약한 데다가 의지도 약했기 때문에, 왕후인 무후(武后)
가 실제로 정치를 하고 있었다. 고종이 죽은 후, 무후는

■재미있는 이야기

●검의 명수 - 월녀(越女)

옛날, 남림(南林)에 검이 능숙한 소녀가 있었다. 그 소녀
의 소문은, 그 시대의 월(越) 왕의 귀에까지 들어갔다.
어느 날, 월(越) 왕이 사자를 보내어 그 소녀를 불러 오도
록 하였다. 그리고 물었다.
"검의 도(道)란 무엇이라고 생각하느냐."

측천대성제(則天大聖帝)로써, 국호를 주(周) 제국으로 바
꾸고, 여러가지 제도의 개혁을 실시하였다. 그 중에는
호신술에 관계가 있는 '무권(武拳) 제도'라는 것도 포함
되어 있었다.

이 무권 제도라는 것은, 무관의 과거와 마찬가지로 각
단계를 거쳐 시험에 합격한 자는, 무생원(武生員), 무권
인(武拳人), 무상원(武状元)이라는 역직(役職)에 등용
하는 제도이다.

이 시험은, 후대가 되어 권법이나 무기법 등의 사용에
관한 연구에 참고 자료가 되었다. 예를들면, 송나라 때의
왕사종은 '무예(호신술)를 갖고 상원을 얻었다'라고 기록
하고 있으며, 형의권의 2조(二祖)인 조계무(曹継武)도
무상원을 얻었다.

또, 당나라 시대에는, 사공(司空)이라는 군직에 있던

소녀가 대답했다.

"검의 도(道)는 미묘하고도 쉬운데, 그 의미하는 것은 유현
(幽玄)하고, 참으로 깊은 것입니다. 도(道)에는 문(門)이
있고, 또 음과 양이 있습니다. 문은 열렸다 닫혔다 하며,
음이 떨어지면 양이 성하여 집니다. 도는, 안의 정신을 실
(実)로 하며, 밖으로 그 형이 나는 것입니다. 이것만 터득하
면, 혼자서 백인의 적을 당할 수 있으며, 백인의 적과 싸울
수 있습니다."

이에, 월(越) 왕은 검이나 방패 등의 무술에 통달한 용감한
병사 10명을 뽑아, 전원 동시에 그 소녀를 공격하도록 하였다.
그러나, 소녀의 검 앞에 모두 지고 말았다.

이것을 보고 월 왕은, 소녀가 말하는 검의 도(道)가 정말임
을 알았다. 그리고, 소녀에게 '월녀(越女)'라는 칭호를 주었
다.

44

배(陪) 라는 사람이

'상도하작지일수(上排下杓之一手)'를 고안해 냈다고 전해지고 있다. 이것이 쿵후의 기술에 이름을 붙인 시초라고 말 할 수 있다. 상단 찌르기를 위로 뛰어 오르며 실시하고, 중·하단 공격은 아래에서 퍼 올리듯이 실시하는 이 기(技)는 오늘날에도 널리 사용되고 있다.

당나라 시대에는 일반적으로 무술이 존경을 받던 시대라고 말할 수 있다.

황제 스스로 전한 — 태조권(太祖拳)

송의 태조는, 여러 나라를 방랑하며 무술을 습득하고, 병법의 스승을 찾아 다녔다. 태조가 된 후에는 권법을 가지고 부하를 훈련시켰으며, 정예의 병사를 만들었다.

이 태조가 전한 권이 '태조권' 또는 '초씨장권(趙氏長拳)', '태조 37세(勢)' 등으로써, 지금까지 전해지고 있다. 또, 삼절곤(三節棍)도 태조의 고안에 의한 반용곤(盤竜棍)이다. 이것은 일격을 적이 방패로 막았어도, 그 방패를 넘어 머리를 직격하고, 또 일단을 가지고 하단을 옆으로 치면, 말의 다리라도 쓰러뜨릴 수 있으며, 갖고다니기에도 편리하다. 당시는, 연주쌍철편(連珠双銑鞭)이라고도 불렸다.

역대의 왕조 중에서 황제가 전한 권법은 겨우 이 태조의 권 뿐이다.

■재미있는 이야기

●점혈(点穴) 파기(破気) (점혈과 기를 부순다)

점혈법(点穴法)의 명수 진녀(真如)는 금나술(擒拿術) (관절의 역수(逆手)를 잡는다) 이나 봉폐(封閉=목을 막는기(技)) 등을 배워, 맨손으로 무기와 싸우는 '공수입백인(空手入白刃) 에 능숙했다.

어느 사람이 호신술의 하반(下盤=자세를 낮추고 중심을 내린다.) 의 수업을 끝내고, 마보(馬歩)로 서면, 누군가가 힘을 잔뜩 주어 밀어도 꿈쩍도 하지 않았다. 어느 날, 그는 진녀(真如)를 향하여 '나는 이 선 자세에서 한발도 움직일 수가 없읍니다. 선생님이 시험해 보십시오' 라고 말했다. 진여(真如)는 웃으면서 '손가락 1개로, 당신을 날려 보내 주겠다' 라고 말했다.

마보(馬歩)로 서있는 그의 뒤로 돌아선 진여가 한 손가락으로 가볍게 밀자, 그는 수 미터나 앞으로 밀려났다. 그는 놀라서 그 비밀을 물었다.

진여는 '나는 등의 급소를 밀었던 것이다. 그 급소는 기공(気功)과 관계가 있어 급소를 위로 향하여 밀어, 몸을 띄워 올려 이내 앞쪽으로 발경(発勁)하면, 하반(下盤)의 공(功)을 취한 사람이라도 날릴 수가 있는 것이다.' 라고 말했다.

「기효신서(紀效新書)」를 남긴 명장 척계광(戚継光)

명나라 시대, 왜구라고 하여, 동남부의 해안 지역을 강탈하며 큰 난동을 피워, 그 지방 사람들에게 공포의 대상이 되던 집단이 있었다. 이 왜구와 싸워 이것을 평정한 명장 척계광(1528~1587)은, 그 후 더우 북방으로 전진하여, 기마 민족과의 싸움을 승리로 이끌었다. 또 『기효신서(紀效新書)』, 『연병실기(練兵実記)』 등의 명저를도해하여 지었으며, 여러가지 무기술에서 병법, 진법(陳法)에 이르기까지 상세하게 해설하고 있다. 『기효신서(紀效新書)』는, 당시의 무예(호신술)를 알 수 있는 유일한 귀중한 문헌이다.

이 『기효신서(紀效新書)』는 18편으로 되어 있으며, 병사의 선택 방법, 호령 붙이는 법, 무기 만드는 방법, 진법(陳法) 취하는 방법, 야영이나 행군의 방법, 수군 구성 방법, 병사 배치 방법 등에 관하여 자세히 쓰여져 있다. 무기도, 창, 방패, 활, 등의 그림이 첨가되어 해설되어 있으며, 누가 읽어도 곧 실시할 수 있게 되어 있다.

그 중에서도, 제 14권의 「권경첩요편(拳経捷要篇)」에는 당시 실시되던 권법의 파명(派名)이 열거되어 있으며, '권법은 전투에 있어서는 무기보다 떨어지지만, 권법을 수업하는 것에 의해 심신이 모두 건전하게 되며, 동작도 민첩해지기 때문에, 무기법을 배우는 데도 그 숙달이 빠르다.' 라고 쓰여져 있다.

이 『기효신서(紀效新書)』 중에는, 소림의 권 이라는
것은 나와 있지 않다. 대신 소림의 곤(棍)이라는 것이 유
명하다고 쓰여져 있다. 그러므로, 명(明)대의 중기 경에
는, 소림사에 권법이라는 것이 있었는지 어떤지 모르지
만, 그다지 유명하지는 않았으며, 곤법(棍法)이 유명했
다는 것을 알 수 있다.

소림사(少林寺)와 권법(拳法)

소림사는 475년, 북위(北魏)의 효문제(孝文帝)가 인도 승 발타(跋陀)를 위하여 하남성 숭산에 건설했다. 그 소림사에 1527년 인도의 달마 대사가 와서 좌선을 하고, 면벽(面壁) 9년에 깨달음을 얻어, 역근(易筋), 세수(洗髓)의 2경(二経)을 만들어 전한 것이 소림사 권법의 시작이라고 간주되고 있다. 그런데, 현대의 우리 나라의 불교 학회나 중국쪽의 연구로, 달마 대사는 전설이며, 실제로는 존재하지 않는 가공의 인물인 것과, 역근, 세수의 2경은 청나라 시대의 위작(偽作)임이 판명되었다. 또,『기효신서』에는 소림의 곤(棍)이 유명했다고 쓰여 있는데, 소림사의 권법에 대해서는 한줄도 언급이 없다.

산서(山西) 태원(太原)의 백옥봉(白玉峰)이 소림사에 입산하여, 각원(覚遠) 산인과 함께 권법을 연구하여, 170여수의 5권을 만든 것은 유명한 이야기이다. 또 그 외에도, 소림사에 입산한 수많은 권사들이 만든 많은 권법도 있을 것이다. 그것들은 모두, 최근 중국에서 출판된 『소림무공(少林武功)』에 실려 있다. 그렇지만, 역시 소림권법에 대해서는 언급되어 있지 않다. 여기에서 조사해 보면, 과연 '소림사 권법'이라는 것이 확립되었었는지, 어떠했는지 의문이 남는다.

현대 중국의 호신술

장개석(蔣介石)은, 중국 전래의 무술을 국술(國術)이라고 칭하고, 1928년에 남경에 중앙 국술관을 만들고, 각 성, 시, 현에도 각각 국술관을 설립시켜 중국 무술의 보급과 보존에 힘을 기울였다. 또, 1933년에는 중앙 국립 체육 전문 학교, 국립 국술 체육 전문 학교 등을 창립하여, 무술 전문가의 양성에 힘을 쏟았다. 현재 중국 및, 대만에서 노 간부로써 지도를 하고 있는 대부분의 선생은 이들 학교의 출신자가 많다.

내전으로 장개석을 물리친 모택동은 중국 공산당 주석에 취임하여, 정치가 안정되자, 국민의 건강을 생각하여 무술의 정리나 검토를 시작했다. 그래서, 일반인에게 배우기 쉬운 '간화 태극권'을 만들고, 둘이서 실시하는 '추수(推手)'도 '태극권(太極劍)'도 새롭게 고쳐 만들었다.

이 태극권은 현재, 매년 중국 각지에서 전국적인 규모의 대회가 실시되고 있는데, 거기에서는 이미 고래(古来) 전통권은 적고, 제정권(制定拳)으로, 세밀한 심판 규정에 묶여져 있기 때문인지 아름다운 움직임만을 보이고 있을 뿐, 무술이라고 하는 박력은 거의 찾아 볼 수가 없다. 무술다운 무술을 하나의 계통으로 수행하고 있는 우리나라로서는, 그리고 현재에도, 전통 무술의 보존에 힘을 기울이고 있는 편자로서는 무척 안타깝게 생각하고 있다.

이 외에 현재 대만이나 동남 아시아에서 여러 나라가 참가하여 실시하는 권법의 세계 대회가 있다. 십수개 국의 참가가 있고, 거의 맨손에 가까운 권으로 실제로 찔러 차기를 실시하고 있다. 여기에도 역시 규정은 있지만, 얼굴에 자줏빛 피의 피하 출혈을 일으키거나, 혹을 만드는 등, 매우 박력이 있는 것이다.

호신술을 완전히 자기의
무예로 만들기 위해서는
끊임없는 노력이 필요하다.
부드러우면서도 강한 신체
적 조건을 갖추고 기민한
동작을 통하여 비로소 호
신술의 위력을 실감하게
된다.

제3장
호신술의 유파는
이렇게 많다

중국은 우리나라보다 엄청나게 큰 광대한 토지와 십억의 인구를 갖고 있다. 때문에, 그 북(北)과 남(南)은 기후, 관습, 언어, 심지어는 사람의 체형까지 다르다. 따라서, 권법에도 큰 차이가 있어서 남파와, 북파로 크게 나뉘어진다.

북방의 사람들은 엄동과 조식(粗食)에 견디는 움직임, 근골(筋骨)은 단단하다. 남방의 사람들은 온난한 기후와 풍부한 식량에 혜택을 받으며, 또 그것이 남방 사람들의 기질을 나타내고 있다. 옛날부터 남권북퇴(南拳北腿) 라고 했듯이, 남파의 권은 허리를 내리고 중심을 내려, 강한 권격(拳擊)을 사용한다. 차기도 높게 차지 않기 때문에, 하복부나 급소나 향경(向脛)을 차게 된다. 거기에 비하여 북파의 권은 족기(足技)를 주(主)로 하여, 가볍게 날아 오르듯 차거나, 2단 차기, 날아 돌며 2단차기 (선풍각;旋風脚) 등 화려하고 경쾌한 기(技)가 많다.

유파(流派)를 말하자면, 백가지가 넘는 유파가 있다고 한다. 그 중에서, 우리 나라에서도 실시되고 있고, 또 유명한 권법에 대하여, 그 흐름과 특징을 다음에 소개하겠다.

호신술의 태극권(太極拳)

현재, 우리 나라에서 건강법으로써 가장 많이 보급되어 있다. 태극권은 원래 하남성 진가(陳家) 일족 사이에서 비밀리에 전승되어지던 것이다.

진장흥(陳長興) 대(代)에 이르러 하북성의 양로선(楊露禅)이 입문하여, 이것을 전승한 후 태극권이 전국에 보급되어 유명하게 되었다. 이들 전자를 하남(河南) 진가파(陳家派), 후자를 하북(河北) 양가파(楊家派)라고 한다.

진가파에는, 노가(老架)와 신가(新架)가 있는데, 중심을 낮추고, 발경(発勁)에 무게를 두고, 날으면서 차기 때문에 젊은 남녀 사이에서 유행하고 있다.

한편 양가파(楊家派)는 움직임이 느리고 무리가 없고, 도사(道士)가 실시한 토납법(吐納法)의 호흡법을 가미하고 있다. 노인이라도 실시할 수 있고, 건강법으로서도, 치료법으로서도 뛰어나 중국 정부에서도 양가(楊家)를 기본으로 한 간화(簡化) 태극권을 제정하여 보급하고 있다.

양가파(楊家派)와 진가파(陳家派)를 절충하여 무우양(武禹讓)은 무파를 만들고, 그 무파에서 손록당(孫禄堂)은 손파(孫派)를 창안해 냈다. 또, 오감천(吳鑑泉)은 양가의 테극권에 연구를 가하여 오파(吳派)를 창안, 상해에서 보급시켰다. 오감천 태극사(太極社)는 현재에도 상해에 있으며, 딸 오영화와 그 아버지 마악염은 노령임에도 불구하고 지금도 지도에 임하고 있다.

태극권은 역경(易経)의 태극 사상을 지도 철학으로 하고, 음양 순환의 원리를 체현(体現)하고 있기 때문에, 본격적으로 수업하려 하면, 팔괘장과 함께 역경의 십익(十翼)을 깊이 연구해야 한다.

호신술의 형의권(形意拳)

형의권은 심의육합권(心意六合拳), 심의권(心意拳), 의권(意拳) 등이라고도 불리우며, 산서성(山西省)에 그 원천을 두고, 하북(河北), 하남(河南)으로 퍼졌다. 창시자는 송 시대의 명장 악비(岳飛)라고 되어 있는데, 실제로 형의권을 창안한 것은 창(槍)의 명인 희륭풍(姬隆風)이다.

희륭풍은 그 권법을 산서(山西)의 조계무(曹継武)와 하남의 마학례(馬学礼)의 2명에게 전수했다.

조계무는, 무권의 고사에서 일등이 되어 무상원(武状元)을 얻어 군의 영직에 올랐다. 그 후직을 사하고 산서로 돌아와 형의권을 폈다. 이것이 산서파(山西派)이다. 후대가 되어 하북의 이락능(李洛能)이 산서에 들어가 이것을 수업하고, 하북을 중심으로 북경이나 그 외의 지방에 보급한 것이 하북파이다.

마학례는 하남 사람으로, 희의 아래에서 스승의 허락을 얻어 향리로 돌아가 문인에게(門人) 가르쳤다. 이것이 하남파의 형의권의 시조이다.

같은 형의권이라도, 2백년이나 전에 서로 멀리 떨어져 있었기 때문인지 기법은 양파가 다르게 되었다.

하북 형의권은 5행 12형의 짧은 형이나 연속된 긴 형으로 구성되어 있으며, 검, 칼, 곤(棍)의 형도 포함되어 있다. 기(技)는 얼핏 보면 단순하고 기교가 없는 듯이 보이는데, 연습을 거듭할수록 무서울 정도의 위력이 안에 간직되어 있으며, 일격을 발하기만 하여도 적의 생명을 빼앗아 버리는 기(技)임을 알게 된다. 얼핏 보면 매우 간단한 기법인 것 같이 보이는 만큼 그 진의를 깨우치기 위해서는 매우 긴 세월을 요한다.

하남 형의권은 동물로부터 되어 있는 12형으로 구성되어 있으며, 형도 하북 형의권과는 전혀 다르다.

■ 재미있는 이야기

● 박명(薄命)의 가인(佳人) - 우미인(虞美人)

초나라 왕 황우(項羽)의 군대는 한나라 왕 유방(劉邦)의 군대와 싸워 점차로 패하였다. 최후가 오고 있다는 것을 안 항우는, 죽을 것을 각오하고 특별한 주연을 베풀었다. 이 좌석에 항우는 사랑하는 부인, 우미인을 동반하지 않았다. 몰래 도망치도록 하기 위해서였다. 그러나 우미인은 죽음을 피하지 않았다. 항우의 손에서 검을 빼앗아 스스로 목을 찔러 죽어버렸다. 슬픔에 빠진 항우는 최후의 힘을 정비하여 조금 남은 병사들과 함께 도망쳤다. 우미인은 사람들의 손에 의해 가벼이 장례치려졌으나, 그 무덤의 주위에는 이름도 알 수 없는 어린 풀꽃만이 피어 있었다. 사람들은 이 꽃을 우미인초 라고 이름 지어 박명의 가인을 기렸다.

항우는 그 후, 항리 근처까지 도망갔다. 그리고 적중에서 최후의 분전을 하여 혼자서 백명을 죽인 후, 스스로 목숨을 끊어 우미인의 뒤를 따랐다.

호신술의 팔괘장(八卦掌)

중국 권법 중에서는 비교적 새로운 유파이다. 청(淸)시대 말기에 하북 문안(文安)의 동해천(董海川)이 도사로부터 전수한 권법이다.

동해천은 전장(転掌) 및 무기의 법을 역(易)의 팔괘(八卦)의 원리에 맞추어, 유신팔괘연환장(游身八卦連還掌)이라고 이름지어, 64괘의 수로 응용 변화시켰다. 또, 계과음양예(鷄爪陰陽鋭)와 연자추(鍊子錘)를 애용하여 한번도 진 일이 없었다고 한다.

팔괘장은 주먹을 쥐지 않고, 편 손바닥을 사용하기 때문에 권(拳)이라고 하지 않고, 장(掌)이라고 하고 있다.

기법은, 양손을 음양 태극의 그림을 본따고, 원주 위를 만보(邁步)하고, 음양을 역전(逆転)하고, 팔형을 연기한

다. 이형은 원을 그리면서 걷기 때문에, 전후 좌우로 변화시켜 변전(変転)시킬 수 없다. 또 주먹은 사용하지 않지만, 손날로 치거나, 손바닥으로 칠 때의 강도와 단단함은 다른 권법에서 볼 수 없는 독특함이다.

손바닥의 사용 방법에는, 인(印)·솔(捧)·박(拍)·절(切)·점(点) 등의 법이 있고, 때에 따라서는 우리나라의 손칼과 같은 강하고 예리하게 사용된다.

또 장법(掌法) 이외의 팔괘단검(八卦単剣), 곤법(棍法), 창법(槍法), 팔괘쌍검(八卦双剣), 판관필(判官筆), 풍화륜(風火輪) 등의 무기법이 있다.

호신술의 사권(査拳)

사권은, 중국에서 가장 널리 실시되고 있는 장권(長拳)의 한 가지이다. 처음에는 산동성 관현 일대에서 실시되었으나, 그 후 전국으로 퍼졌다. 본래는, 신강(新疆)의 회족(回族) 사이에서 실시되었었다.

명(明) 시대에 왜구가 중국 연해를 어지럽힐 때, 전국에서 이것에 대항하여 의용(義勇)의 병사들이 일어났다. 사상의(査尚義)도 동지와 함께 신강의 땅에서 만리의 길을 나섰다. 그러나 겨우 산동성 관현에 도착했을 때, 사(査)는 중병에 걸려 쓰러져 버렸다. 일행들은 사(査)의 간호를 그곳 농민들에게 부탁하고 전선으로 나갔다. 농민들은 사(査)의 애국심에 감명받아 정성껏 간호를 했다. 그래서 그는 회복되었다. 가을의 수확도 끝나고, 농민들은

모여 전법의 연습을 시작했다. 사는 처음에는 잠자코 지
켜 보았으나, 농민들의 권법이 이치에 맞지 않으므로, 고
향에 있을 때 수업한 회족(回族)의 무술을 가르쳤다.

이 뛰어난 권법은 금방 관현 일대에 퍼졌다. 사상의의
이름을 따서 사권이라 하였으며, 관현은 사권의 발상지로
불리우게 되었다.

사권은 차기를 중시하며, 탄력있는 넓적다리를 기본 훈
련에 넣고, 긴 대타(対打)의 형이 있다. 경쾌한 움직임
은 현대의 젊은이들에게 인기가 있다.

■재미있는 이야기

● 진(秦)의 시(始) 황제의 무기 거두어 들이기

진의 시황제는 천하 통일과 함께 민간의 무기를 거두어 들
여, 이것을 수도 함양(咸陽)에 모아, 중거금인(鍾鐻金人) 이
라는 무게 30톤의 큰 동상을 12개나 만들었다.

시황제는 무술을 좋아하여, 검술에 정통해 있었다.

무기를 빼앗긴 일반 대중은, 각저권법(角抵拳法)을 실시하
였다.

호신술의 당랑권(螳螂拳)

당랑권은 약 3백년 정도 전, 산동(山東) 묵현(墨県)의 왕랑(王郎)이 창시한 권법이다. 도호(道号)를 엽유산인(葉有山人)이라고 하며 우화진인(羽化真人)을 따라서 무술을 배웠던 도사(道士)이다.

왕랑(王郎)은 태어나면서부터 무술의 재능이 뛰어났었기 때문에 숙달도 빨랐다. 각지를 떠돌며 이름있는 무술가와 교류하면서 기(技)를 연마했다.

소림사에 다달았을 때, 어떤 소림의 중과 시합을 하여 패하였다. 때는 한 여름의 더운 날이었으며, 절에서 내려와 나무 그늘 아래에서 시원함을 즐기고 있을 때, 버마재비와 매미가 죽음의 싸움을 벌이고 있는 것을 발견했다. 장단의 법을 능숙하게 사용하여 매미를 버마재비(사마귀)가 잡았다. 이것이 무술의 기법과 비슷했으므로 왕랑은

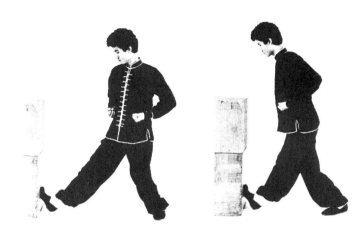

사마귀의 움직임에 대응하는 기법을 연구하였다. 그리고 3년 간 수업하여 12개의 수법(手法)을 창출하고, 당랑의 기를 완성했다.

왕랑은 이 기(技)를 가지고 다시 소림사로 들어가 이전의 중과 대전하여 손쉽게 승리를 얻었다. 놀란 중들에게 이제까지의 경위를 전하였으며, 당랑권의 이름이 퍼져갔다.

후세에 이르러, 비문(秘門), 매화(梅花), 칠성(七星), 육합(六合) 등의 각 분파로 나뉘었으나, 기법은 대동소이하다.

호신술의 취권(醉拳)

재키·챵의 중국무술 영화로 일약 유명해진 것이 이 취권이다.

「수호지」에 나오는 화화상(花和尚) 로지심(魯智深)이 죄를 범하여 도망쳐 오대산(五台山)의 절로 잠입하였다. 외출하여 깊이 취하여, 절에 들어가려고 하자, 절에서는 음주를 금한다고 하여 문지기가 입산을 허락하지 않았다. 화가난 로지심은 문을 부수고 절로 들어가 큰 폭동을 부렸으며, 끝내는 추방되었다. 이것이 취권, 취팔선권(醉八仙拳)의 시작이라고 되어 있다.

기법은 흔들흔들 하며 취하여 흔들리는 것과 같고, 불의의 기습을 하거나 취하여 누워있으면서 또는 뒹굴면서 발의 기술을 사용하여 적을 쓰러뜨리고, 또 아크로밧트적인 동작이 많다. 취검(醉劍), 취곤(醉棍) 등도 있으며, 여러가지 파로 나뉘어져 있으며, 형(形)도 같지 않다.

호신술의 비종권(秘宗拳)

비종권은 소림의 일파로, 미종문(迷蹤門), 아종문(猊蹤門) 등과 같다. 권법이나 각종 무기법 등을 사용한다.

송(宗) 중기 경, 로준의(盧俊義)가 소림권을 배워, 그 후, 여러 나라를 돌아다니며 연구를 거듭하여 일파를 만들었다. 그러나, 그다지 세상에 보급되지 않고 조금 전해졌는데, 청(清) 말엽에 손통(孫通)이 비종권을 수행하여, 산동 창주(滄州)에서 천진(天津) 등에 널리 보급했다.

또 양산박(梁山泊)의 간부 연청(燕靑)은, 신분을 감추고 노가(盧家)에 들어가 수행하여, 기를 습득하여 눈이 오는 밤 노가를 도망쳤으나, 그 뒤, 흔적을 남기지 않고 다녔기 때문에 미종(흔적을 남기지 않다) 권이라고 불렀다. 미종권의 명인에 유명한 곽원갑(霍元甲)이 있다.

일본인인 주치의가 독살했다고 말해지고 있다. 최후까지 측근에 따라 다니던 진공철(陳公哲)에 의하면, 상해적십자 병원에서 결핵으로 입원한 후, 각혈을 자주 했었다고 한다.

호신술의 복건 소림 금응권 - (福建少林金鷹拳)

금응권(金鷹拳)의 창시자, 명선(明善) 선사(先師)는 복건 조안(詔安)에서 태어났다. 두뇌 명석하여 다른 사람보다 뛰어 났으며, 소년 시대에 복건 소림사에서 권법을 수업하고, 좀더 학문과 의학을 배우기 위하여, 청(淸)의 도광(道光) 8년(1828) 홀홀 단신으로 대만으로 건너 갔다. 현재의 진흥사(振興社)라고 하는 도장을 지었으며, 학문을 가르치고, 무술을 수련시키고, 의술을 전하여 세상을 위한, 사람을 위한 훌륭한 역할을 할 수 있는 인재의 양성에 힘을 기울였다. 문하생은 대만 전 섬으로 퍼져 나갔으며, 지금도 활발하게 실시되고 있다.

청조(淸朝) 말경, 국위는 쇠약해지고, 외국의 침략과 내란이 겹쳐, 대만의 치안이 어지러워져 도적들이 판을

치자, 민중은 안심하고 가업에 종사할 수 없게 되었다.

이에, 명선 선사는 한 부락마다 자위조직을 만들어, 스스로의 손으로 집이나 부락을 지키도록 각지에 진흥사라고 하는 단(団)을 설치하여 무술을 수업하였다. 각지마다 진흥사가 만들어 졌으며 문(文)과 무(武)와 의술이 퍼져 나갔다. 이 단(団)은, 우선 개인의 무술훈련에서 시작하여, 집단으로 통일된 진법(陳法)을 가지고 대항했기 때문에, 항상 적을 격퇴할 수 있었다.

호신술을 익히기 위해서는
자신감과 용기가 필요하다.

호신술에는 정해진 규칙이 있
을 수 없다. 위기에 처해있는
자신을 구하기 위해서는 다각
적인 대응책이 필요하다.

제4장

실기편(実技編)
기본 훈련

　기본훈련은 호신술(무예)을 익히기 위한 하나의 변형된 훈련을 말한다.

　이 훈련은 단기간에 모두 배울 수는 있지만, 단기간에 모두 익힐 수는 없다. 매일매일 반복 연습하므로써 동작이 몸에 배이도록 해야 한다.

　여기에서는 주로 실전에서 사용하는 자세를 숙달시키기 위한 기본형을 익힐 수 있도록 유의하여 각 형(形)을 소개한다.

보형(步形)과 보법(步法)

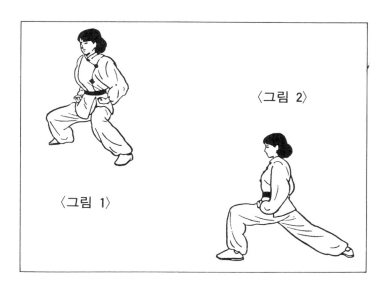

〈그림 2〉

〈그림 1〉

　하지(下肢)의 자세와 걷는 방법은, 하지의 동작을 재빨리 하여 발의 힘을 강하게 하는 것이 목적이다. 몸의 중심이동, 양발의 전환 등은 경쾌하게, 그러면서도 조용하게 실시한다.

1. 마보(馬步)

　발끝은 앞을 향하고, 양발을 벌리고 선다. 양발의 넓이는 몸 길이의 반 정도가 좋다. 양 무릎을 구부리고, 상체를 낮추고, 양 넓적다리를 수평하게 한다. 중심은 양발에 수평하게 얹는다. 양 주먹은 허리에 둔다(그림 1).

2. 궁보(弓步)

　왼쪽(오른쪽) 발을 크게 1보 내 디디고, 왼쪽(오른쪽) 무릎을 거의 직각으로 구부리고, 무릎이 거의 발가락 끝의 위에 오도록 한다. 앞발의 넓적다리는 수평하게 하고, 상체는 등 줄기를 똑바로 편다(신체 중정 : 中正). 뒷발은 똑바로 하고, 양발 모두 뒤꿈치는 땅에 붙인다(그림 2).

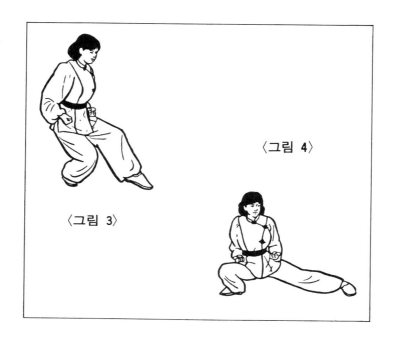

〈그림 4〉

〈그림 3〉

3. 허보(虚步)

①양손을 허리에 대고, 오른발의 발끝을 밖으로 제쳐, 왼발과 45도 각도가 되도록 하고, 상체를 오른쪽으로 비틀고, 왼발은 그대로.

②왼발을 1보 전진시키고 뒤꿈치를 들어 발끝으로 서도록 하며, 오른쪽 발꿈치를 구부리고 몸을 낮추고, 오른발에 중심을 얹는다(그림 3).

4. 부보(仆步)

①양 주먹을 허리에 대고, 양발을 넓게 벌리고 선다.

②오른쪽 무릎을 구부려 상체를 낮추고, 엉덩이가 오른쪽 발에 닿을 정도까지 낮춘다. 왼발은 왼쪽으로 똑바로 펴고, 양발바닥은 땅에 붙인다(그림 4).

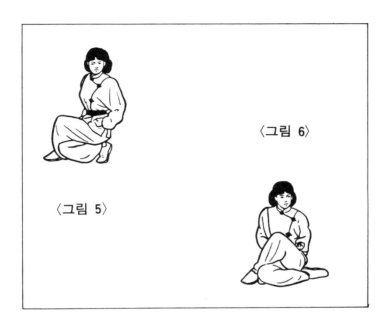

〈그림 6〉

〈그림 5〉

5. 헐보(歇步)

① 양 주먹을 허리에 댄다. 양발을 교차시켜 전신을 낮추고, 왼발바닥을 단단히 땅에 붙이고, 발끝은 밖으로 향하고, 오른발은 뒤꿈치를 올리고, 왼쪽 무릎의 앞에 오른쪽 무릎을 붙이고, 엉덩이를 오른발의 뒤꿈치에 붙이고, 왼쪽 앞을 본다(그림 5).

② 왼발 앞의 자세를 좌헐보, 오른발 앞의 자세를 우헐보라고 한다.

6. 좌반(坐盤)

양발을 교차시키고, 오른쪽 무릎을 구부려 땅에 붙인다. 왼발은 앞으로 왼쪽 넓적다리는 가슴 앞에 붙이고, 양손은 허리에 댄다(그림 6). 왼발 앞을 좌·좌반(左坐盤)이라고 한다.

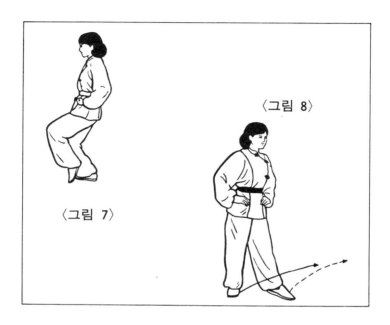

〈그림 8〉

〈그림 7〉

7. 정보(丁步)

양 주먹을 허리에 대고, 왼쪽 무릎을 구부리고, 발끝으로 서서 오른발에 당겨 붙이고, 양 무릎을 구부려 오른발에 중심을 얹고 상체를 낮춘다(그림 7). 양발이 丁자의 형이 되기 때문에 이런 이름이 붙었다. 이상이 보형(步形)이다.

8. 격보(擊步)

양손을 허리에 대고, 왼발 앞으로 선다. 상체를 조금 앞으로 숙이고, 오른발을 조금 올리고, 왼발로 땅을 차며 앞으로 올린다. 공중에 있을 때, 오른발로 왼발을 차도록 한다. 땅에 닿을 때, 오른발부터 땅에 닿고, 눈은 수평하게 앞을 본다(그림 8·9·10).

이 외, 숙보(塾步)·호형보(弧形步) 등의 보법이 있다.

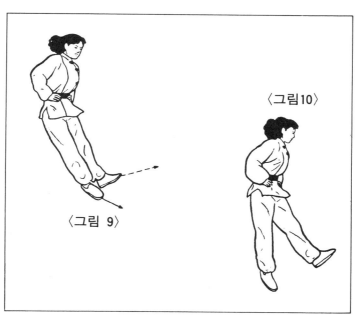

〈그림10〉

〈그림 9〉

수법(手法)

〈그림11〉

1. 마보충권(馬步冲拳)

① 양발을 벌리고 마보(馬步)로 선다. 양 주먹 등은 아래로 향하여 허리에 댄다(그림 1).

② 오른쪽 주먹을 비틀면서 등을 위로 하여 앞쪽 중단을 똑바로 찌른다(그림 11).

③ 오른쪽 주먹을 비틀어 등을 아래로 가도록 하고 오른쪽 허리에 댄다.

같은 동작으로 왼쪽 주먹으로 찌르고, 번갈아 반복한다.

〈그림 12〉

2. 궁보충권 (弓步冲拳)

　왼쪽 궁보자세를 취하고(그림 2), 마보 충권과 마찬가지로　왼쪽, 오른쪽 주먹으로 번갈아 찌른다(그림 12).

　오른쪽 궁보에서도 마찬가지로 실시한다.

　처음에는 천천히 실시하며, 자세·호흡을 바르게　하고, 어깨를 내리고 어깨의 힘을 뺀다. 정확하게 할 수 있게 되면　스피드를 붙여 재빠르게 실시한다.

탕퇴 (踢腿)

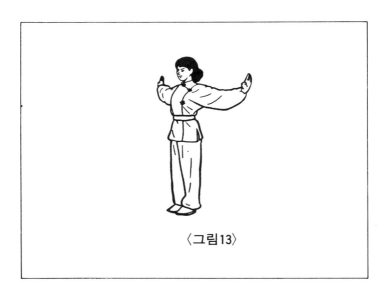

〈그림13〉

1. 전탕퇴 (前踢腿)

① 양발의 뒷꿈치를 붙여 직립하고, 양손은 왼쪽·오른쪽으로 수평하게 펴고, 양 손목은 위를 향하여 구부리고, 손가락 끝은 위를 향하도록 한다 (그림 13).

② 오른발을 반보 앞으로 전진시키고, 따라서 왼발을 앞쪽 위를 향하여 흔들어 차 올린다. 발끝이 얼굴에 닿을 정도, 오른쪽 뒷꿈치는 단단히 땅에 붙인다. 등 줄기는 똑바로 편다(신체 중정), (그림 14). 왼발을 앞으로 내리고, 이어서 오른발로 차 올리고, 왼쪽 오른쪽을 번갈아 실시한다.

〈그림15〉

〈그림14〉

2. 사탕퇴 (斜踢腿)

앞의 (그림 13) 과 마찬가지 자세에서, 오른발을·반보 전진시키고, 왼발로 오른쪽 비스듬히 오른쪽 귀를 향하여 찬다 (그림 15).

왼발을 앞으로 내리고, 이어서 오른발로 차고, 왼쪽 오른쪽 번갈아서 실시한다.

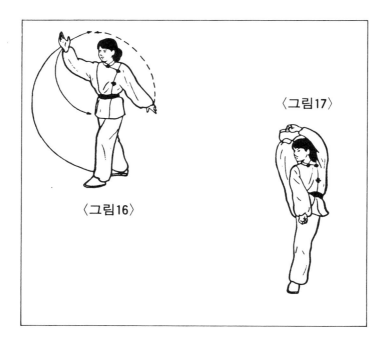

〈그림17〉

〈그림16〉

3. 측탕퇴 (側踢腿)

양발을 붙이고 양손은 자연스럽게 내린 자세를 취한다.
왼발을 반보 전진시켜 발끝을 바깥쪽으로 향하고, 윗몸을
왼쪽으로 비틀고, 오른손은 오른쪽 앞으로 올린다 (그림
16).

왼손을 팔꿈치를 조금 구부려 오른쪽 머리 위로 올린다.
동시에 오른쪽 주먹은 똑바로 아래로 내린다. 오른쪽 발
을 오른손의 오른쪽 밖에서 귓쪽으로 차 올린다. 발끝으로
오른쪽 귀를 차듯이 실시한다. 이 세 동작을 일치시킨다
(그림 17).

오른발의 발끝을 밖으로 향하여 앞으로 내리고, 상체를
오른쪽으로 비틀고, 왼발을 차 올린다. 그림 17의 반대가

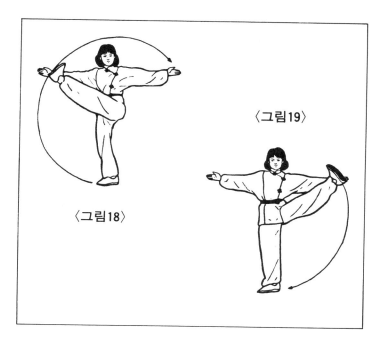

〈그림19〉

〈그림18〉

되도록 한다. 왼쪽,오른쪽 번갈아 반복한다.

4. 외파퇴 (外罷腿)

그림 13과 같이 서서 오른발을 반보 전진 시키고, 왼발을 오른쪽 귀 바깥으로 올린다 (그림 18).

왼발의 발등이 얼굴 앞을 통과하여, 왼쪽 밖 위에서 왼쪽 손바닥을 향하여 돌려 차고, 왼쪽 손바닥에 왼발 발등을 '팍' 하는 음이 날 정도로 강하게 찬다(그림 19).

왼발을 오른발의 옆으로 내리고, 이어서 오른발로 실시한다.

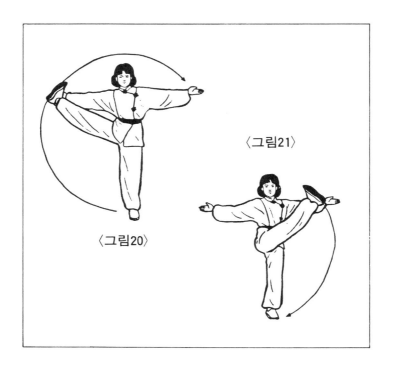

〈그림21〉

〈그림20〉

5. 리합퇴(裡合腿) (안쪽 돌려 차기)

그림 13과 같이 서서 왼발을 반보 전진시킨다.오른발을
오른쪽 밖 윗쪽을 향하여 차 올린다(그림 20).

오른발은 당기면서 오른쪽에서 왼쪽으로 얼굴 앞을 지
나, 왼쪽 밖으로 돌려차서, 왼쪽 손바닥에 맞춘다 (그림
21).

오른발을 왼발 옆으로 내린 다음 반보 전진시키고, 마
찬가지로 왼발로 안 돌리기를 한다. 왼쪽,오른쪽 번갈아
실시한다.

〈그림23〉

〈그림22〉

6. 측단퇴 (側踹腿)

이것은 헐보량장(歇步亮掌) 이라고도 불리운다. 우선 왼쪽 헐보(歇步), (그림 5)의 자세를 취한다. 오른손은 손등을 아래로 하여 손가락 끝을 위로 향하고, 왼쪽 손바닥을 위로 향하고 왼쪽 위로 똑바로 편다. 눈은 앞을 본다 (그림 22).

체중을 왼발로 옮기고, 왼쪽 무릎을 펴고 몸을 일으켜 왼쪽 발로 서서, 우단각(右踹脚 : 右足刀)을 앞으로 차올린다(그림 23).

이 기법은 낮은 자세에서 갑자기 뻗어 올려 단각(踹脚)으로 올리기 때문에 운동량도 많고, 발경(発勁)도 강하다. 어렵기 때문에 몇 번이고 반복하여 자유로이 실시할

〈그림25〉

〈그림24〉

수 있게 되면. 오른발의 발끝을 밖으로 향하여 앞으로 내리고, 우헐보(右歇步)가 되도록 하고, 손은 좌우 반대가 되도록 한다. 오른발로 서서 좌단각(左踹脚)으로 앞을 차 올리고, 좌우를 실시한다.

　이것에 숙달되면, 최초의 자세(그림 22)에서 왼발에 체중을 얹고, 오른발을 오른쪽에서 왼쪽으로 작게 돌리고, 왼쪽 무릎의 앞으로 붙여, 왼쪽 무릎은 조금 구부린다 (그림 24·25). 왼쪽 무릎을 펴면서 우단각으로 앞쪽 위를 차 올린다. 다음으로 그림 22의 좌우 반대 자세에서 좌단각(左踹脚)으로 차 올리고, 좌우 번갈아 실시한다.

소퇴(掃腿) － 발로 가로 쳐서 쓰러뜨린다

〈그림26〉

소퇴(掃腿)는, 소당퇴(掃堂腿)라고도 불리우며, 전소퇴(前掃腿)와 후소퇴(後掃腿)가 있다.

1. 전소퇴(前掃腿)

부보(仆步), (그림 4)에서 양손을 땅에 대고 몸을 왼쪽으로 비틀고, 양 손바닥을 왼쪽으로 옮기고(그림 26), 동시에 왼발을 축으로 하여, 왼쪽 손바닥과 함께 오른발을 왼쪽 뒤에서 오른쪽으로 일주시킨다. 이 때, 오른발 발끝은 지면에서 떨어지지 않도록 한다. 허리를 회전시키고, 발의 회전이 보조하여 처음에는 180도 정도의 회전

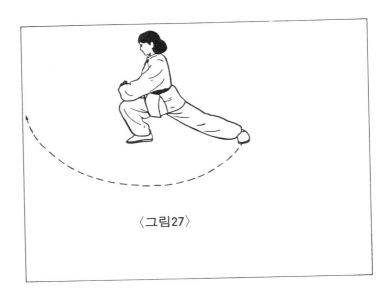

〈그림27〉

에서 시작하여 (그림 27), 360도 정도 회전하도록 한다 (그림 28).

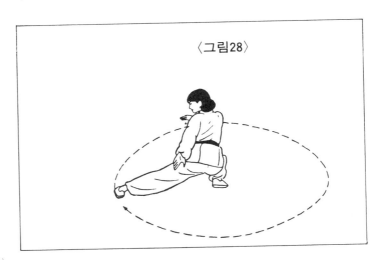

〈그림28〉

〈그림29〉

2. 후소퇴(後掃腿)

　궁보(弓步)의 자세에서 양 손바닥을 앞으로 향하여 가
슴 높이까지 뻗는다(그림 29).

　상체를 오른쪽으로 비틀어 허리를 오른쪽 뒤로 돌려 왼
쪽 무릎을 구부리고 양 손바닥을 땅에 댄다(그림 30).
왼쪽 뒷꿈치를 올리고 중심은 왼발에 둔다.

〈그림30〉

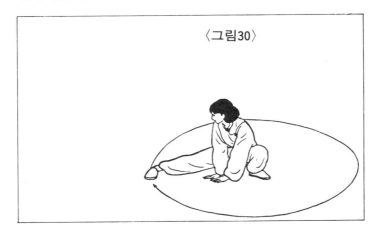

〈그림31〉

　오른발을 똑바로 편 채, 오른쪽 뒤로　360도　회전하여
본래의 위치로 돌아와 왼쪽 궁보(弓步)가 되어,　동시에
좌 입장(立掌)으로써 앞으로 펴고, 오른손은 손등을　위
로 하여 윗쪽으로 펴고, 밸런스를 취하면서 일시에　자세
를 취한다(그림 31).
　마찬가지로 좌우 번갈아 연습한다.

도약 훈련(跳躍訓練) — 날아 차기

〈그림32〉

　이것은 북방권(北方拳)의 특징으로써, 젊은 사람들이 좋아하기 때문에 특히 자세히 설명하겠다. 몸도 가볍고, 유연한 청소년에게 알맞다.

1. 등공비각(騰空飛脚)

　이것은　이기각(二起脚)이라고도 하며, 날아서　2단 차기이다. 직립의 자세에서 오른발을 1보　전진시키고,

〈그림34〉

〈그림33〉

오른발에 탄력을 붙여 왼발로 앞쪽 위를 차 올리고, 이어서 양 손바닥을 위로 올려 오른손의 손등을 왼쪽 손바닥에 가볍게 댄다(그림 32·33).

날아오른 채 왼쪽 무릎을 구부려 당기고, 그 탄력과 왼발의 탄력을 이용하여 오른발을 똑바로 펴고, 날아오른 채 앞쪽 위를 찬다. 오른쪽 손바닥으로 오른발의 발등을 '팍' 하는 음이 날 정도로 친다. 왼손은 손등을 위로 하여 편다(그림 34). 그림은 날아 올라 있는 상태이다.

좌우 번갈아 실시하고, 착지는 양발이 동시에 조용히 실시할 수 있도록 연습한다.

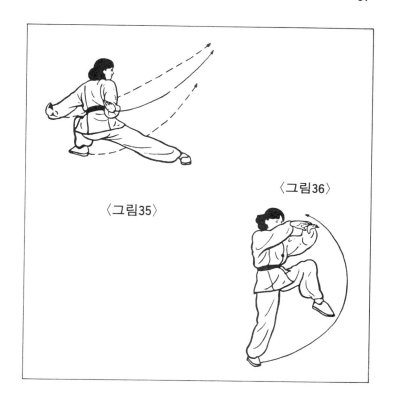

〈그림36〉

〈그림35〉

2. 등공파련(騰空擺蓮)

왼쪽 무릎을 구부려 부보(仆步)의 자세를 취한다 (그림 4 의 반대). 양손은 손등을 위로 하여 뒷쪽으로 당긴다. 신체 중정(中正)이 되도록 하고, 가슴을 펴고 눈은 오른쪽을 본다(그림 35).

오른발에 중심을 옮기고, 몸을 오른쪽으로 비튼다. 왼발을 흔들어 올리고, 오른발로 내 디디며 날아 오른다. 양손바닥은 위로 올리고, 왼손의 손등을 오른쪽 손바닥에 위에서 가볍게 친다(그림 36).

〈그림37〉

날아 오른 채 왼쪽 무릎을 구부려 붙이고, 오른쪽으로
회전시키면서, 오른발 발등으로 왼쪽에서 오른쪽으로 밖
으로 돌려 찬다(그림 37).

양손은 왼쪽으로 향하고, 왼쪽 오른쪽 순으로 오른발
발등을 친다 (그림 38).

〈그림38〉

〈그림39〉

〈그림40〉

3. 선풍각(旋風脚)

이것도 날아 돌며 차기의 하나로 많이 이용되고 있다.

마보(馬步)의 자세를 취하고, 왼쪽 주먹은 왼쪽 앞으로 수평하게 펴고, 오른쪽 주먹은 팔꿈치를 구부려 오른쪽 위로 올린다. 얼굴은 왼쪽으로 향한다(그림 39).

중심을 왼발로 옮기고, 몸을 왼쪽으로 비튼다. 손의 형(形)은 그림 40의 자세가 되도록 한다.

〈그림42〉

〈그림41〉

　몸과 양손을 오른쪽 위로 비틀면서 돌리는 것과 동시에 오른발을 오른쪽 뒤로 돌려, 돌려 차고, 왼발로 내디디며 날아오른다(그림 41).

　날아오른 채 공중에서 왼발을 왼쪽에서 크게 돌려 찬다. 왼발이 정면으로 왔을 때, 왼쪽 손바닥을 왼발에 친다(그림 42). 오른발, 왼발의 순으로 착지하고, 이내 중심을 안정시켜 마보(馬步)가 되도록 하고, 그대로 반복하여 실시한다.

질복곤번훈련(跌扑滾翻訓練)

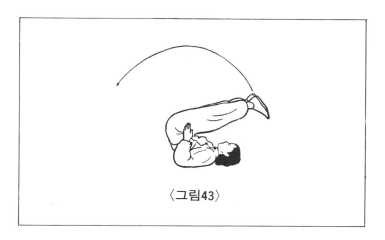

〈그림43〉

이것은, 소위 유도의 수신(受身)과 같이 쓰러졌을 때에 상처를 입지 않거나, 넘어져도 금방 일어날 수 있도록 공중 전회(転回) 등 몸을 유연하게 움직이는 훈련으로, 교통 사고 등 불의의 재난에도 무사할 수 있다.

1. 리어타정 (鯉魚打挺)

위를 향하여 누운 자세에서 허리를 구부리고 양발을 모아 머리 쪽으로 올린다 (그림 43).

양발을 모은 채, 힘있게 흔들어 내리고 앞쪽으로 날아 일어난다(그림 44).

처음에는 양손을 양귀의 바깥쪽으로 설때에 땅에 대고, 반동을 붙여 선다. 익숙해지면 손을 사용하지 말고 실시한다.

〈그림44〉

〈그림45〉

2. 조용교주(鳥竜絞柱)

옆으로 누운 상태에서, 왼쪽 무릎을 구부리고 오른발을 펴고, 왼쪽을 아래로 한 상태에서 옆으로 한다. 양 손바닥은 가슴 앞에서 땅에 댄다(그림 45).

오른발을 왼쪽으로 크게 돌리고, 거의 위로 드러누운 상태가 된 때에 (그림 46), 왼발도 이어 크게 왼쪽에서 윗쪽으로 흔들어 올린다(그림 47).

양발의 힘으로 허리가 올라가면 (그림 48), 양손으로 지면을 눌러 올리듯이 날아 일어난다(그림 49).

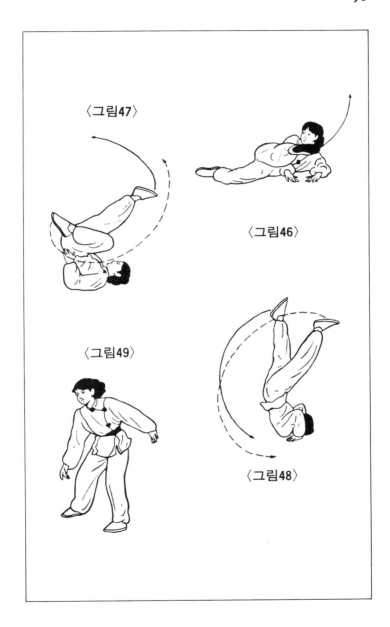

〈그림47〉

〈그림46〉

〈그림49〉

〈그림48〉

기본형의 조합 훈련

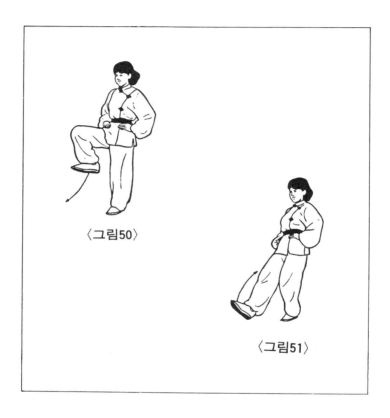

〈그림50〉

〈그림51〉

1. 채각(踩脚) - 측단각(側踹脚)

양손을 허리에 댄 직립 자세에서, 오른쪽 무릎을 올리고, 발끝을 밖으로 향하여 옆으로 한다(그림 50). 즉 채각(踩脚)을 취한다. 그대로 오른발을 앞쪽 오른쪽 비스듬히 강하게 내디뎌 내린다(그림 51).

〈그림52〉

　그 발을 또 왼쪽 무릎 앞에 붙이고 (그림 52), 우단각
(右踹脚 : 足刀)으로 앞의 오른쪽 비스듬히 위로 올린다
(그림 53). 오른발을 반보 앞으로 내리고, 왼발로 반대
의 동작을 실시한다. 오른쪽,왼쪽 번갈아 반복한다.

〈그림53〉

96

〈그림54〉

〈그림55〉

2. 등각(蹬脚) — 측단각(側踹脚) — 전신후등각(転身後蹬脚)

양손을 허리에 댄 직립 자세에서, 왼발을 반보 전진시켜 여기에 중심을 옮기고 (그림 54), 오른발로 땅을 스칠 정도로 낮게 앞으로 차 낸다. 발끝은 위를 향한다 (그림 55).

〈그림57〉

〈그림56〉

오른발은 발끝을 바깥쪽으로 향하여 내리고, 이내 좌단각(左端脚)으로 앞쪽 위를 찬다(그림 56). 왼발을 오른발 바로 옆에 내리고, 동시에 몸을 오른쪽으로 비틀어 뒤를 향하여 상체를 낮추고, 수평에 가깝게 하여, 오른발의 뒷꿈치로 뒤를 찬다 (후등각:後蹬脚). 찬 오른발을 본다. 찬 발 보다도 머리가 낮게 되면 등각(蹬脚)이 강해진다(그림 57).

오른발을 그대로 내리고, 번갈아 실시한다.

〈그림59〉

〈그림58〉

3. 루슬충권 (楼膝冲拳)

오른발을 전진시키고, 오른쪽 궁보(弓步)가 되도록 한
다. 왼쪽 주먹으로 앞쪽 중단 찌르기, 오른쪽 주먹은 주
먹의 등이 아래로 되도록 하여 오른쪽 허리에 댄다(충권
：冲拳), (그림 58).

오른쪽 발끝을 안쪽으로 넣고, 팔꿈치를 좀더 구부려
자세를 낮춘다. 왼쪽 주먹은 벌려 손바닥이 되도록 하여,
손가락 끝을 위로 향하고 오른쪽 어깨에 붙인다. 엄지
를 안쪽으로 구부린다. 왼발은 똑바로 펴고, 눈은 왼쪽을
본다(그림 59).

〈그림61〉

〈그림60〉

　왼손의 날로 아래쪽 앞에서 왼쪽으로,　왼발의　위까지
보낸다(그림　60).
　왼발의 발끝을 왼쪽으로 벌리고 서서 왼쪽 궁보(弓步)
가 되도록 하고,　왼쪽 손바닥을 주먹을 쥐 왼쪽허리에 대
고,　오른쪽 주먹으로 앞 중단 찌르기,　이것을　동시에
실시한다 (그림　61).
　이어서 같은 동작을 좌우 반대로 실시한다. 반복하여 연
습한다.

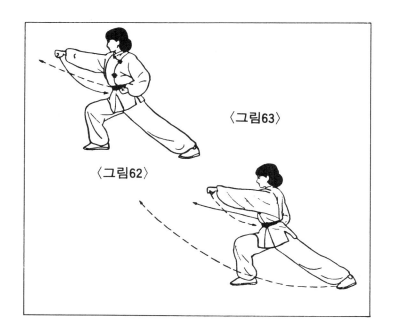

〈그림63〉

〈그림62〉

4. 궁보중권(弓步冲拳) - 탕퇴중권 (踢腿冲拳) - 마보횡권(馬步橫拳)

오른쪽 궁보(弓步)로 자세를 취하고 오른쪽 주먹 중단 찌르기, 왼쪽 주먹은 왼쪽 허리 (그림 62). 오른쪽 주 먹을 허리로 당기고, 동시에 왼쪽 주먹 중단 찌르기 즉, 왼쪽 오른쪽 주먹의 연격(連擊)이다 (그림 63).

다시 오른쪽 주먹 중단 찌르기, 왼쪽 주먹을 허리에 끌 어 당기고, 동시에 중심을 오른발에 두고, 오른쪽 무릎을 펴 몸을 내리고, 왼발을 발끝까지 똑바로 하여 왼쪽 위로 차 올린다(그림 64). 왼쪽발을 크게 뒤로 당기고, 오 른쪽 궁보(弓步) 자세를 취하고, 왼쪽 주먹 중단 찌르기, 오른쪽 주먹은 오른쪽 허리에 끌어 당긴다 (그림 65).

〈그림64〉

〈그림65〉

〈그림66〉

　양쪽 발의 발끝을 왼쪽, 똑바로 앞으로 향하여 마보(馬步)가 되도록 한다. 동시에 왼쪽 주먹을 허리에,　오른쪽 주먹을 수평하게 몸의 오른쪽 앞으로 중단 찌르기,　오른쪽 주먹에 주의한다 (그림 66). 이 자세에서　왼쪽을 향하여 좌궁보(左弓步)가 되도록 한다. 왼쪽 주먹　중단 찌르기 (그림 62)와, 최초의 자세와 반대가 되도록 한다. 이하, 왼쪽 오른쪽 반대 동작을 반복하여 실시한다.

　기본 훈련은 이 외에도 많은데, 또 그것들을 조합한 바리에이션은 더욱 풍부하여, 연구함에 따라 점차 얼마든지 다양하게 구사할 수 있다. 몇 가지 예를 들면, 다음과 같다.

　① 격보(擊步) 에서 착지한 오른발로 이내 도약하여 등공비각(騰空飛脚) 을 실시한다.

　② 등공비각에서 착지와 동시에 마보(馬步) 의 자세를 취하여, 선풍각(旋風脚) 을 실시한다. 또 ①과 ②를 연속하는 것도 좋다.

　③ 전소퇴(前掃腿) 로 540도 회전하여 이내 마보(馬步) 의 자세를 취하여, 선풍각(旋風脚) 을 실시한다.

　④ 선풍각에서 착지와 동시에 부보(仆步) 의 자세를 취하여, 차는 발을 축으로 하여 후소퇴(後掃腿) 를 실시한다.

　⑤ 전소퇴(前掃腿) 로 540도 회전하고, 중심을 이내 앞발로 옮기고, 전소퇴와는 역의 발로 이내 후소퇴(後掃腿) 를 실시한다.

제5장
실기편(実技編)
응용 훈련

호신술의 실전응용

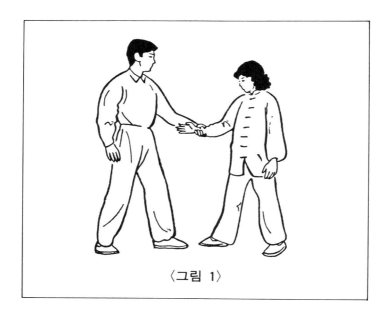

〈그림 1〉

여자를 불량배가 습격하는 경우, 일반적으로 찌른다거나, 차거나 하는 경우는 적으며, 손을 잡거나, 껴안거나 하는 경우가 많기 때문에, 우선 이것을 피하는 방법을 전수하겠다.

1. 타이주(打耳珠)

남자가 왼손으로 여성의 오른손을 잡는다 (그림 1).

여성은 오른손의 엄지 손가락을 자신의 왼쪽 어깨 방향으로 당기면서 오른쪽 팔꿈치를 구부리면 잡힌 손은 빠진다 (그림 2·3).

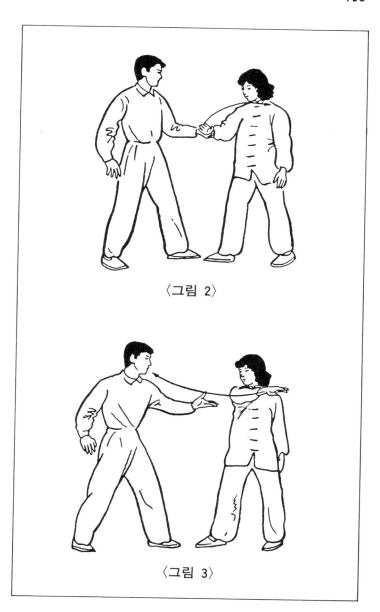

〈그림 2〉

〈그림 3〉

〈그림 4〉

끌어 당긴 오른손의 손날로 적의 우이주(右耳珠) 라고 하는 급소를 힘껏 친다 (그림 4).

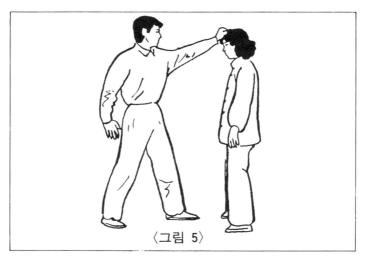

〈그림 5〉

2. 조두발절지 (抓頭髮折指)

남자에게 여성이 머리카락을 잡혔을 경우 (그림 5).

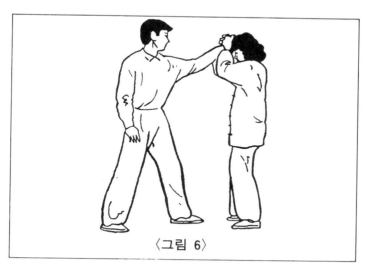

〈그림 6〉

여성은 양손으로 상대의 왼손의 손등을 위에서 단단히 머리에 눌러 붙인다 (그림 6).

〈그림 7〉

빠르게 몸을 앞으로 굽히고, 상대의 왼손 손목을 아프게 한다 (그림 7).

〈그림 8〉

3. 절지(折指)

남자가 여성의 가슴에 왼손을 댄다 (그림 8). 여성은 먼저의 경우와 마찬가지로 양손을 겹쳐, 상대의 손등을 누른다 (그림 9).

급격히 앞으로 숙이고 손등을 양손과 가슴 사이에 끼워 손목을 역으로 하여 아프게 한다 (그림 10).

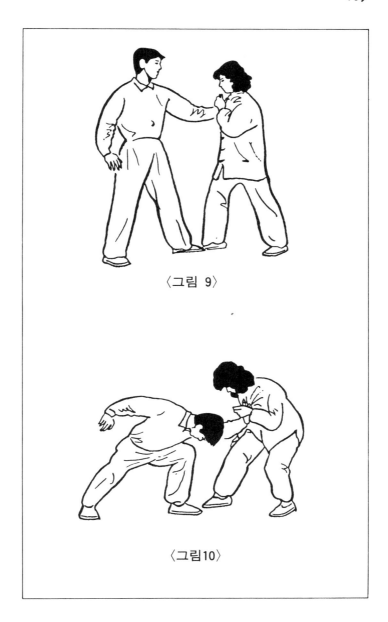

〈그림 9〉

〈그림10〉

〈그림11〉

4. 두타슬정제퇴탕각(頭打膝頂提腿踢脚)

남성이 앞에서 껴안으려고 한다 (그림 11).

여성은 앞 두부에서 남자의 코를 강하게 친다 (그림 12). 동시에 오른쪽 무릎으로 음부를 아래에서 쳐 올린다.

남성이 당황하여 물러서면, 오른쪽 발을 올려 하복부 또는 음부를 올린다 (그림 13).

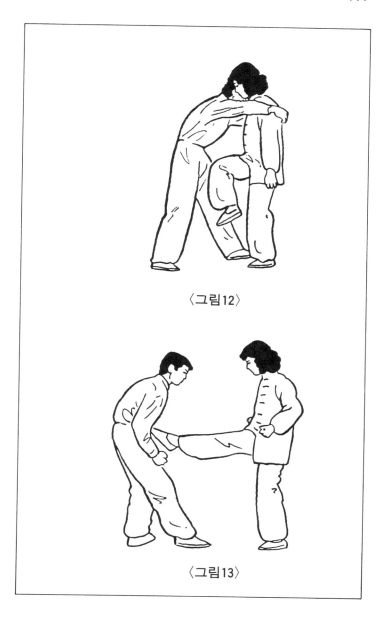

〈그림12〉

〈그림13〉

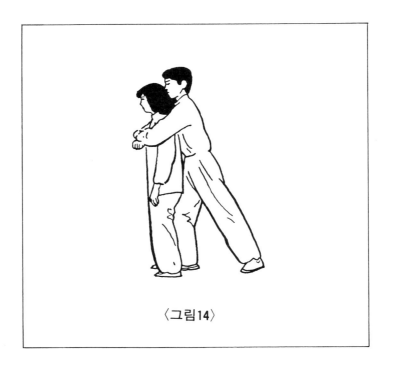

〈그림14〉

5. 포퇴법 (抱腿法)

뒷쪽에서 남성이 껴안을 때, 뒷 머리 부분으로 남성의 안면 부분을 친다 (그림 14).

빨리 앞으로 구부리고, 상대의 오른발을 양손으로 잡는다 (그림 15).

잡은 오른발을 빨리 당겨 올리면, 상대는 뒤로 쓰러진다 (그림 16).

이상은 금나술 (擒拿術) 이나 우리 나라의 호신술에서도 볼 수 있는 통상의 방법을 소개했다.

〈그림15〉

〈그림16〉

114

호신술의 일격 필살 연속 대타법(一擊必殺連続対打法)

일격 필살이라고 불리우는 권법을 서로 조합하여 공방의 형으로 해설해 보겠다. 공격과 방어를 연속하여 실시하는 형에서 쿵후가 갖고 있는 매력을 맛보기 바란다.

그림의 왼쪽을 갑, 오른쪽을 을, 움직임을 나타내는 실선은 오른손·오른발, 점선은 왼손·왼발을 의미한다.

갑은 남쪽을, 을은 북쪽을 향하여 선다. 두사람 모두 등 줄기를 펴고, 신체 중정(中正)으로 양 뒷꿈치를 붙이고 양손을 내린다.

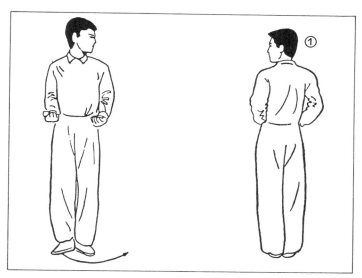

①갑을 모두 양 주먹을 손등을 아래로 하고, 양허리
에 대고, 서로 주목한다.

②갑은 발끝을 벌리고 오른발을 반보 전진시킨다.

③왼발을 크게 전진시키고 좌궁보(左弓步)의 자세를 취하고, 동시에 오른쪽 주먹으로 을의 중단을 찌른다. 을은 오른발을 1보 당겨 마보(馬步)가 되도록 하고, 이것을 피하면서, 왼손은 팔꿈치를 구부리고, 손을 비틀면서 바깥쪽에서 받는다.

④갑은 왼발에 중심을 두고, 우단각(右踹脚: 오른발의 날)으로 을의 중단을 찬다. 오른손은 손등을 아래로 하여 오른쪽 아래로 뻗고, 왼쪽 주먹을 왼쪽 비스듬히 위로 똑바로 올려 밸런스를 잡는다. 을은 왼발을 1보 내리고,

높은 부보(仆步)가 되도록 한다. 동시에 양손을 손바닥
으로 하여 왼쪽 오른쪽으로 펴고, 오른쪽 주먹으로 갑의
오른쪽 발을 올려 친다. 왼손은 팔꿈치를 조금 구부리고,
왼쪽 비스듬히 위로 올리고, 오른쪽 주먹의 힘을 강하게
한다.

⑤갑은 찬발을 지면에 내리는 것과 동시에, 부보(仆步)
가 되도록 한다. 을은 왼발을 축으로 하여, 왼쪽 돌기로
크게 회전하며 왼발을 앞으로 하여 갑을 본다.

⑥갑은 오른쪽 무릎을 구부리고, 이것에 중심을 옮기
고, 왼발을 똑바로 펴고, 오른발로 후소퇴(前掃腿)를 실
시하여 을의 왼발을 찬다. 을은 동시에 낮게 뛰어 오르며

갑의 후소퇴(後掃腿)를 돌려 피하며 재빨리 착지한다.

⑦ 갑은 후소퇴(後掃腿) 후, 우궁보(右弓步)의 자세를 취하고, 양손으로 을의 왼발 발목을 잡고, 잡아당겨 쓰러뜨리려고 한다. 눈은 을을 본다. 을은 좌궁보(左弓步)의 자세를 취하고 양손을 주먹쥔다. 왼발에 힘을 넣어 갑의 공격에 대항한다. 오른쪽 주먹은 등 뒤에서 돌려 왼쪽 허리에, 왼쪽 주먹은 오른쪽 허리에 댄다.

⑧을은 양 주먹을 크게 왼쪽으로 돌려 갑의 머리를 친다. 갑은 머리를 낮추어 이것을 피하고, 다시 을을 주목한다.

⑨을은 양 주먹을 오른쪽으로 크게 돌려 갑의 머리를 다시 친다. 갑은 머리를 낮추어 이것을 피하고, 이내 을을 본다.

⑩을은 좌궁보(左弓步)에서 오른발에 중심을 옮기고, 오른쪽 한쪽발로 서고, 왼발을 똑바로 펴서 갑의 중단을 찬다. 갑은 왼발에 중심을 옮기고 일어나며, 을의 차기를 피하고, 오른쪽 손바닥으로 을의 발을 쳐 피하며 손가락 끝은 왼쪽을 향한다.

⑪을은 왼발을 앞으로 내리고, 이내 오른발을 1보 전진한다. 양 주먹을 벌려 손바닥이 되도록 하고, 오른발을 전진하는 것과 동시에, 왼손, 오른손의 순으로 손날로 갑의 머리를 위에서 친다.

⑫갑은 오른발을 왼쪽으로 돌려 1회전 시키고, 이내 을쪽을 되돌아 본다.

⑬갑은 되돌아 보았으면 이내, 왼쪽 손바닥을 앞으로 향하고, 왼쪽 손날로 을의 오른쪽 손날을 왼쪽 아래로 내린다.

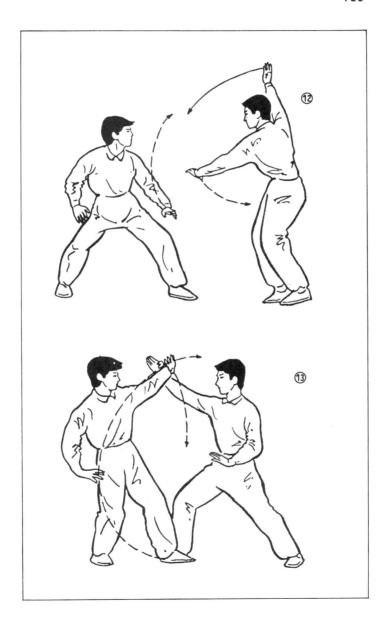

⑭갑은 이어서 왼발을 왼쪽으로 올려, 오른쪽으로 돌려 차고, 을의 옆 머리 부분을 좌단각(左端脚)으로 찬다. 을은 머리를 오른쪽에서 왼쪽으로 원을 그려 내리고, 갑의 차기를 피한다. 그 다음 을은 머리를 올려 갑을 주목한다.

⑮ 갑은 찬발을 앞으로 내리는 것과 동시에, 오른쪽 주먹을 허리에서 을의 상단을 찌른다. 왼쪽 주먹은 손등을 아래로 하여 왼쪽 허리에 끌어 당긴다. 을은 양손을 주먹을 쥐어 오른쪽 주먹은 손등을 아래로 하여 오른쪽 허리에, 왼쪽 주먹은 팔꿈치를 중심으로 하여 왼쪽 아래에서 오른쪽, 왼쪽으로 원을 그리며 올리고, 왼쪽 손등으로, 갑의 오른쪽 상단 찌르기를 막는다.

⑯갑은 오른손을 끌어 당김과 동시에, 우단각(右踹脚)
으로 을의 옆 머리 부분을 찬다. 을은 오른발을 일보 당
겨 피하고, 오른쪽 주먹을 가슴 앞에서 오른쪽 귀 옆으로
흔들어 올려, 갑의 우단각(右踹脚)을 오른쪽 뒤로 막는다.
오른쪽 주먹의 등은 오른쪽으로 향하고, 왼쪽 주먹은 주
먹등을 아래로 하여 왼쪽 허리에 둔다.

⑰갑은 찬 오른발을 오른쪽 앞으로 내리는 것과 동시에,
왼발을 오른발의 뒤나 오른쪽에 당겨 가까이 하여 헐보
(歇步) 의 자세를 취한다. 양 주먹은 오른발을 내리는 때
에, 왼손을 안쪽으로 하여 교차시키고, 헐보와 동시에,
양 주먹을 좌우로 내 찌른다 (손등은 위). 왼쪽 주먹은
조금 높게, 오른쪽 주먹은 낮추어 을의 하복부를 찌른다.
(⑱을 참조).

⑱을은 허리를 낮추어 좌궁보(左弓步)의 자세를 취하고, 양 주먹을 교차시켜 정면 하단을 찔러 내리고, 갑의 오른쪽 주먹을 위에서 받는다. 오른쪽 주먹이 위로 오고, 양 손목이 스칠 정도로 교차시킨다. 오른쪽 손가락 끝은 왼쪽 비스듬히 앞, 왼쪽 손가락 끝은 오른쪽 비스듬히 앞으로 향한다.

⑲갑은 양 뒤꿈치를 올리고, 발끝을 땅에 붙여 왼쪽으로 1회전하여 좌궁보(左弓步)의 자세를 취한다. 몸의 회전과 함께 오른쪽 주먹을 크게 돌리고, 되돌아 보는 것과 동시에 오른쪽 주먹등(엄지 손가락 아래)으로 을의 왼쪽 귀를 친다. 왼쪽 주먹은 손가락 끝을 위로 하여 오른쪽팔꿈치 안쪽으로 친다. 을은 오른발에 중심을 옮기고, 상체를 오른쪽으로 비틀고, 몸을 뒤로 당겨 갑의 오른쪽 주먹을 피하고, 동시에 양손바닥을 좌우로 벌린다. 왼쪽 주먹은 얼굴 높이로, 주먹을 앞으로 향하여 갑의 오른쪽 주먹을 받는다. 오른쪽 주먹은 오른쪽에서 어깨 높이를 유지하고, 양 팔꿈치는 조금 구부린다.

㉒을은 다시 중심을 왼발로 옮겨 좌궁보(左弓步)의 자
세를 취한다. 동시에 왼쪽 주먹을 위로 하여 오른쪽에서
정면으로 수평하게 돌려 오른손의 손날로 갑의 왼쪽 귀를
친다. 왼쪽 손바닥은 손가락 끝을 위로 향하여 오른쪽 팔
꿈치의 안쪽으로 붙인다.

㉑갑은 왼발을 잡아 당기고, 왼발을 땅에 대는 것과 동
시에 오른발을 반보 앞으로 전진시킨다. 왼손은 팔꿈치
를 조금 구부려 왼쪽 위로 올리고, 을의 오른손 손날을 받
는다. 손목을 구부리고 손바닥을 비스듬히 위로 향하고,
오른쪽 팔꿈치를 구부려 을의 가슴 부분을 친다.

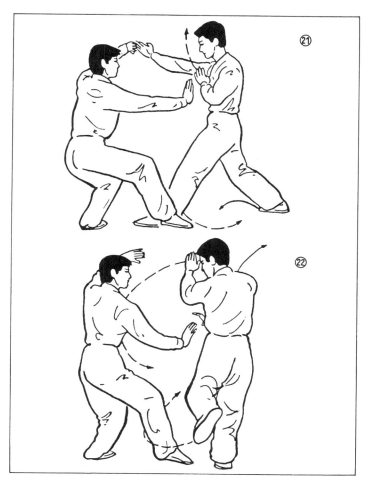

㉒ 을은 오른쪽 손바닥으로, 갑의 오른쪽 손바닥을 오른쪽으로 받는다. 오른발을 반보 끌어 당기고, 발끝을 아래로 향한다. 왼손의 팔꿈치를 구부려 갑의 가슴 앞으로 내고, 왼발을 바깥쪽에서 퍼 올리듯이, 갑의 오른쪽 발을 찬다.

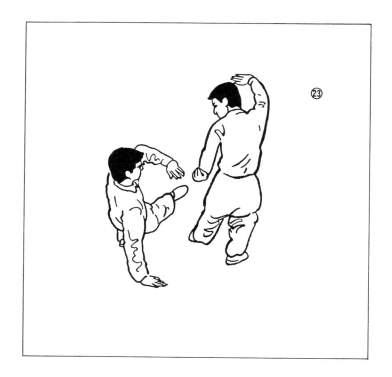

㉓ 왼손의 손날을 갑의 가슴에 대고, 발로 차는 것과 손
으로 미는 것을 동시에 실시하여 왼쪽으로 쓰러뜨린다.
오른쪽 손바닥은 오른쪽 비스듬히 윗쪽으로 올리고, 왼손
은 손등을 아래로 하여 뒤로 뻗는다. 오른쪽 무릎을 구
부려 몸을 낮춘다.

㉔ 갑은 을이 발을 차는 것과 동시에, 왼발, 오른발의 순
으로 흔들어 올려 차며 옆으로 된다. 옆으로 된 상태에서
오른쪽을 아래로 하여 지면에 떨어진다. 양 손바닥을 먼
저 땅에 대고 가능한 한 조용하게 땅에 닿는다. 오른발은
구부리고 왼발을 편다.

㉕갑은 쓰러진 위치에서 그대로의 자세에서, 왼발로을
의 뒷 머리 부분을 찬다. 을은 왼손을 가볍게 올려 팔꿈
치를 구부리고, 머리 위로 흔들어 올려 이것을 받고, 왼
발을 1보 앞으로 전진시켜 재빨리 되돌아 본다.

㉖ 갑은 찬 왼발을 왼쪽 앞으로 내리고, 을에게 등을 돌린 자세로 일어선다. 양 무릎을 구부리고 허리를 낮추고, 일어서면서 을을 본다.

㉗갑은 왼발에 중심을 옮기고, 오른쪽 뒤꿈치로 을의
복부를 뒤로 찬다 (후등각 : 後蹬脚). 을은 오른발을 1보
내리고, 몸을 재빨리 돌려 피하고, 양손으로 그 발을 누
른다. 오른쪽 주먹은 위를 향하고, 왼쪽 주먹은 아래를
향하여 양 손으로 위·아래에서 끼워 잡는다. 을은 갑의오
른발을 잡은 채, 양발의 간격을 변화시키지 말고 총총 걸
음으로 2보 뒤로 물러난다. 갑도 을에게 끌려 딸려 간다.

㉘갑, 을 모두 오른쪽 무릎을 구부려 몸을 낮춘다. 갑
은 왼발로 점프하는 것과 동시에, 왼발을 크게 왼쪽 뒤로
몸과 함께 회전시키고, 왼쪽 뒤꿈치로 을의 뒷 머리 부분
을 찬다.

㉙갑은 그 때 양 손바닥을 땅에 대고, 오른쪽을 아래
로 하여 지면에 옆으로 쓰러진다. 을은 몸을 앞으로 굽혀
갑의 오른발 차기를 피한다. 양손을 우선 땅에 대고, 팔
꿈치도 구부려 땅에 대고, 몸과 발은 자연스럽게 편다.

㉚갑은 왼쪽 돌기로 누운 상태를 취하면서, 오른발을 모
으고 양 무릎을 편다.

138

㉛ 갑은 허리를 구부리고, 발끝을 머리 쪽으로 당겨 올린다.

㉜ 갑은 이어서 발을 힘있게 흔들어, 가슴을 젖혀 날아 일어난다. 을은 허리를 구부려 양발을 당겨 붙인다. 양무릎을 구부려 몸을 낮추어 서서, 이내 양 주먹을 앞쪽으로 일회전 시켜 일어난다.

㉝ 갑은 오른발을 1보 전진시키고, 이내 왼발을 무릎에서 앞으로 흔들어 올린다.

㉞갑은 오른발로 점프하여, 왼쪽 무릎을 구부려 당기고, 오른발로 을의 상단을 찬다.

㉟을은 앞쪽으로 1회전 하여 일어 났으면 이내 되돌아 갑을 본다. 오른발을 1보 내리고, 양 주먹으로 갑의 차기를 위에서 차 내린다. 단, 왼쪽 주먹은 오른쪽 팔꿈치 옆에 댄다.

㊱갑은 한쪽발로 착지하고, 이어서 오른발을 1보 앞으로 내려 우궁보(右弓步)의 자세를 취한다. 동시에 오른쪽 주먹으로 을의 안면을 찌른다. 을은 갑의 공격과 동시에 왼발을 반보 전진시켜 오른발과 나란히 한다. 양 무릎은 조금 구부리고, 몸은 오른쪽으로 비틀고, 양 주먹을 오른

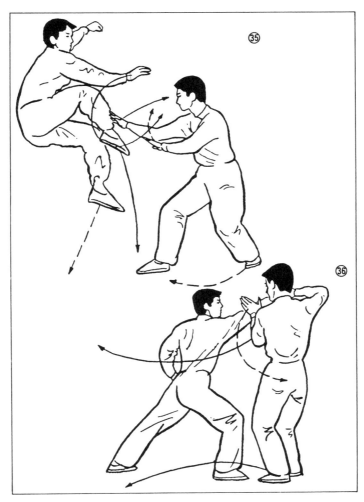

쪽으로 향하여 얼굴 앞을 통과하여, 얼굴 찌르기를 받아
내린다. 왼쪽 팔꿈치는 아래로 내리고 왼쪽주먹의 손가락
끝은 앞을 향하고, 오른쪽 주먹의 손가락 끝은 앞쪽 비스
듬히 위를 향한다.

㊲을은 허리를 낮추어 오른발을 전진시키고, 갑의 옆구리를 비스듬히 위로 찔러 올리도록 오른쪽 어깨에서 친다. 양쪽 주먹은 손가락 끝을 위로 하여 좌우로 뻗는다. 오른손은 비스듬히 위, 왼손은 비스듬히 아래가 되도록 한다. 갑은 오른쪽 어깨를 조금 앞으로 내어 몸을 비틀어 이것을 피한다. 갑과 을은 등을 맞댄 자세가 된다.

㊳을은 양손의 주먹을 쥐고, 갑을 아래로 하여 팔꿈치를 구부려 양 겨드랑이에 댄다. 몸을 앞으로 쓰러뜨림과 동시에 허리를 뒤로 내 찌르고, 양 팔꿈치와 허리로 등 뒤에서 갑을 쳐 쓰러뜨린다.

㊴갑은 허리를 앞으로 내고, 몸을 뒤로 돌려, 이내 허

리를 본래로 돌리고, 양 무릎을 구부리고, 팔꿈치를 앞으
로 구부려 양 손바닥을 지면에 댄다.

㊵ 갑은 뒷쪽을 되돌아 보며, 힘있게 허리를 비틀어 후
소퇴(後掃腿)를 한다. 왼쪽 무릎을 구부리고 편 오른발로
180도 회전한다. 을은 우선 몸을 왼쪽으로 비틀고, 중심
을 왼발에 둔다. 다음에 몸을 오른쪽으로 재빨리 비틀어
오른발을 흔들어 올리고, 왼발로 점프하여 날아 오르고,
뒤로 되돌아 보면서, 공중에서 왼발을 왼쪽에서 정면으로
돌려 찬다. 양손은 몸에 힘있게 붙이도록 크게 돌린다.
찬 발에 정면으로 오른쪽 손바닥을 가볍게 댄다.

㊶을은 갑의 후소퇴(後掃腿)를, 날아 피하기 위하여, 선풍각(旋風脚) 이 낮아도 맞지 않을 정도로 머리를 내려, 후소퇴(後掃腿) 를 해야한다.

⑫ 을은 오른발, 왼발의 순으로 착지하고 갑을 주목한다. 갑은 반 회전 했으면 오른발에 중심을 옮겨 상체를 내리고, 을쪽을 본다. 을은 오른발을 반보 내리고, 왼발의 옆으로 내린다. 이내 오른발에 중심을 두고 무릎을 구부리고, 왼발을 반보 전진시키고, 발끝으로 허보(虛步)가 되도록 한다. 동시에 양손을 오른쪽에서 위로 돌리고, 손바닥을 세워 정면 가슴 높이로 내린다. 양쪽 팔꿈치는 안쪽으로 넣는다. 양 손바닥은 새끼 손가락을 앞으로 향하고, 오른쪽 손바닥을 왼쪽 팔꿈치 옆에 붙인다. 등은 똑바로 중정(中正)이 되도록 한다.

㊸갑은 오른발에 중심을 두고, 오른쪽 무릎을 구부리고
왼발을 조금 당겨 붙이고, 발끝으로 서는 허보(虛步) 가
되도록 한다. 양 손바닥은 을과 같이 한다. 상체를 중정
(中正) 이 되도록 똑바로 한다.

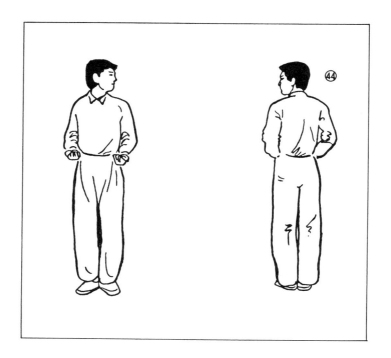

④④갑을 두사람 모두 왼발을 반보 끌어당겨 오른발과 나란히 하여, 직립 중정(中正)의 자세를 취하고, 양 주먹 은 팔꿈치를 구부리고 양 허리에 당겨 붙인다. 이 때, 주 먹의 등은 아래를 향하여 서로 주목한다.

갑과 을 모두 양 주먹을 손바닥으로 하여, 몸쪽에 가볍 게 붙여, 왼쪽 오른쪽 자연스럽게 내린다. 눈은 앞쪽을 수평하게 보고 처음과 같은 자세로 되돌아 가면, 대타(対 打)는 끝난다.

처음의 기본 훈련을 착실히 수행하고, 이어 단독으로 하는 긴 연속 형(型)을 수행한 다음 이 대타(対打)에 들 어간다.

　수많은 입문서(入門書)가 발행되고 있는 현재, 지금까
지 전혀 볼 수 없었던 기본 훈련의 여러가지와, 공개되지
않은 긴 대타의 일격 일취, 번개라고 부르고, 용이라 불
리우는 형(型)의 자세한 해설을 해 보았다. 처음에는 일
생 최저 한도로 필요한 방범의 지식과, 여자의 호신술을
소개했다. 다음으로는 젊은 사람들이 좋아하는 북파의 기
본 훈련과 긴 대타(対打)의 도해를 했다.

　유파에 따라서, 기본 훈련도, 형도 응용이 다르다. 그
러나, 경쾌하고 변화가 풍부한, 젊은 수행자를 위한 북파
(北派)의 권을 공개했다. 지면의 관계상, 생략한 부분이
있음을 알려 둔다. 단, 대타(対打)는 모두 처음부터 끝까
지 조금도 생략하지 않았다.

　태극권의 추수법(推手法)이나, 적수(敵手), 팔괘장(八
卦掌)의 64산수(散手) 등 천변만화(千変万化)의 대타(対
打)법이 있지만, 다음 기회로 미루기로 하겠다.

제6장
호신술의
참고 지식(知識)

홍문회(洪門会)와 홍권(洪拳)

홍문회는, 무술을 수업하여 반청복명(反淸復明: 청을 쓰러뜨리고 명을 다시 일으키려는 운동)의 뜻을 가지고 조직된 비밀 결사의 하나이다. 중국에서는 천지회(天地会)나, 침판·혼판·대도회(大刀会)·소도회(小刀会) 등의 비밀 결사가 있으며, 모두 친자 일족 보다도 결사의 비밀을 지키는 것을 중시 여기고 있다.

홍문회는 은홍성(殷洪盛)을 시조로 하여, 12만의 동지를 모아 1634년 광주에서 청나라 병사들과 싸운 것이 처음이다. 홍문회의 종지(宗旨)는, 수호지에서 유명한 양산박(梁山泊)의 의사, 거기에 삼국지의 유비, 관우, 장비의 도원의 맹약을 그 규범으로 하고 있다. 회원은 모두 의형제로써, 피를 서로 마심으로써 관계를 맺고, 홍권을 수

행하여 각지에 권법을 전파하고, 회원을 늘여 서로 도왔다.

홍권은, 광동 5대권의 하나로 본래 소림사에서 나뉘어진 것이다. 홍문회의 결사에 의해 연구되고 널리 퍼져 갔다.

홍권에는, 철천권(銕踐拳), 삼진권(三進拳), 이용쟁주(二竜争珠), 야호출림(夜虎出林) 등의 종류가 포함되며, 그 특징은 마보(馬步)를 기본으로써 중심을 내리고, 권세(拳勢)는 맹렬하며, 기(気)가 비축되어 있으며 날카롭고 강경(剛勁)하여 힘이 있다.

각원상인(覚遠上人)의 십계(十戒)

각원상인의 권법승(拳法僧) 중에, 불교의 가르침인 자비의 마음을 잊고, 기(技)를 겨루며, 난폭한 행동을 하는 사람이 있는 것을 슬퍼하며, 문화생에게 10가지의 계율을 전했다.

이것이 유명한 각원상인의 십계이다. 권법을 습득하는 사람은, 이 가르침에 따라야 할 것이다.

1. 이 기술(권법)을 배우는 자는 강한 건강한 몸과 정신을 필요로 하며, 아침 저녁으로 연습하고, 제멋대로 연습을 중지해서는 안된다.

2. 불교를 깊이 신앙하여, 타인을 불쌍히 여기는 마음을 항상 가져야 한다. 권법은 자신을 지키기 위하여 사용

하고, 쓸데 없는 투쟁을 즐겨서는 안된다.

3 . 언제나 선생이나 형제에 대해서는 예의를 바르게
하며, 결코 무례한 태도를 취해서는 안된다.

4 . 같은 동료들에게는 언제나 친절하게 성의를 가지고
대하며, 속여서는 안된다. 또, 약한 사람을 괴롭혀서는
안된다.

5 . 시주 등을 하러 절 밖으로 나가 민중과 만날 때는,
인내와 구세를 뜻으로 삼아 접촉하고, 무기(武技)를 자랑
해서는 안된다.

6 . 같은 유파에 속한 동료와는 결코 싸워서는 안된다.

7 . 음주와 육식은 중에게는 금지되어 있는 것이므로,
결코 마시거나 먹어서는 안된다. 술은 마음을 어지럽히고,
육식은 정신을 어지럽히는 것이다.

8 . 결혼하는 것은 중에게는 금지되어 있으므로, 결코
해서는 안된다.

9 . 승 이외에 가벼이 무술(武術) 을 가르쳐서는 안된

다. 성격을 잘 관찰하여, 불교의 신앙심이 두텁고, 난폭한 행동을 하지 않는 것을 확인한 다음 전해야 할 것이다.

10. 자신의 강함을 자랑하거나, 싸우는 것은 엄중히 금해야 한다.

현대에 맞지 않는 것도 있으나, 호신술을 배우는 사람은 항상 마음을 가다듬어, 방심하거나, 약한 사람을 괴롭히거나, 난폭한 행동을 해서는 안된다.

손바닥으로 실시하는 받기와 공격

손바닥으로 실시하는 공격은, 적의 공격을 받아 반격하는 방법이며, 자신 쪽에서 먼저 손바닥을 내지 않는다.

공격의 방법은, 다음의 다섯가지 종류로 나뉜다.

❶단격(単撃) - 적이 공격해 오는 것을 받아, 한손으로 반격한다.

❷연격(連撃) - 적이 공격해 오는 것을 받아, 오른손 왼손으로 번갈아 반격한다.

❸단격(段撃) - 적이 공격해 오는 것을 받아, 한손으로 연속하여 반격한다.

❹수수변격(受手変撃) - 받은 손바닥이 그대로 공격으로 변화한다.

❺동시격(同時撃) - 적의 공격을 받는 것과 반격을 동시에 실시한다.

받는 방법에도 9가지 종류가 있다.

①도수(排手) - 적이 상단을 찔러 오는 것을 아래에서 위로 올려 받는다.

②연수(研手) - 손의 날로 하단을 받는다.

③조수(照手) - 얼굴 앞에 손바닥을 올려 받는다. 조수란 얼굴 앞을 거울로 비춰 본다는 의미로, 손바닥 면을 얼굴로 향한다.

④조수(弔手) - 오른발이 앞일 때 적의 중단 공격을 왼쪽 손바닥으로 누르듯이 왼쪽 뒤로 받는다.

⑤반수(搬手) - 적의 중단 공격을 오른손 주먹(또는 왼쪽 주먹)으로 왼쪽 뒤 아래(또는 오른쪽 뒤 아래)로 손등을 아래로 받는다.

⑥란수(欄手) - 대부분은 반수에 반란수(搬欄手)로써 쓰이며, 오른손 주먹으로 받고(반수 : 搬手), 이내 오른쪽으로 받는다.

⑦절수(切手) - 위에서 거의 직각으로 쳐 내려 받는 방법.

⑧금나수(擒拿手) - 독수리 발톱과 같이 적의 손을 잡는다.

⑨구수(鉤手) - 손목을 구부리고, 인지, 중지, 약지 3개의 손가락과 엄지를 붙여, 치켜 올리는 느낌으로 받는다.

기와 열장을 손바닥으로 깬다 - 철사장(銑砂掌)

이 훈련을 실시할 때는 사람이 없는 조용한 장소를 선택한다. 수업을 착실히 하면 기와 10장 정도는 손바닥으로 위에서 쳐서 깰 수가 있게 된다. 여기까지 가능해지는 데는 약 100일이 걸린다.

훈련을 위해서 길이 60센치, 폭 30센치 정도의 2중으로 된 튼튼한 자루를 준비한다. 이 자루 안에 모래를 넣는다. 만일 모래가 없으면, 대신 콩과 녹두를 반씩 섞어 자루 하나 가득 넣는다. 이것을 자신의 무릎 정도의 높이의 튼튼한 나무로 만든 대 위에 얹어 둔다.

모래를 넣은 자루가 있는 대를 향하여, 발을 어깨 폭 보다 조금 벌리고, 자세를 낮추고, 전신의 힘을 빼고 부드럽게 하고, 양손을 허리에 대고 기를 단전(丹田)으로 모으고, 정신이 안정될 때 시작한다.

이것에는 5가지 방법이 있다.

① **박법(拍法)** – 어깨나 팔의 힘을 빼고, 손바닥으로 위에서 친다.

② **솔법(捽法)** – 박법(拍法)을 완전히 할 수 있게 되면, 손바닥을 눈썹 높이로 올리고, 쳐 내리는 순간에 손바닥을 뒤집어 손등으로 친다.

③ **절법(切法)** – 솔법이 완전히 가능하게 되면, 같은 손바닥을 눈썹 높이로 올리고, 어깨, 팔의 힘을 빼고 손날로 친다.

④**인법(印法)** – 절법이 완전히 가능하게 되면, 손을 눈썹 높이로 올리고, 장근(掌根)으로 친다.

⑤ **점법(点法)** – 인법이 완전히 가능해지면, 손바닥을 눈썹 높이까지 올리고, 다섯 손가락을 호랑이 손톱같이 구부려 손가락 끝으로 친다.

이상의 5가지 방법이 한 동작이다. 처음에는 힘이 들

어가지만, 점차 **빼** 가도록 한다. 또, 자루 안에 넣은 콩은 깨져 버리므로 새로운 것으로 교환한다.

호신술에 능했던 삼국지 (三國志)의 영웅 (英雄) 들

한(漢) 나라 말 경이 되면 환관 (거세(去勢) 시킨 남자)이 세력을 얻어 정치에 관여하고, 정치는 부패하고, 황제의 위력은 떨어지고, 인민은 빈곤하여 각지에서 반란을 일으켰다. 그중에서도 장각(張角) 등이 황색의 두건을 두르고 각지에서 반란을 일으킨 황건의 난이 유명하다.

4백년이나 되는 오랜 세월 동안 계속되던 한제국도, 황건의 난에 의해 쇠약해져, 마침내 멸망해 버리고 말았다. 그 후, 조조의 위(魏), 유비의 촉(蜀), 손권의 오(吳) 의 3국의 끊임없는 전쟁이 일어난다.

이 삼국 사이의 싸움을, 유비와 그 일당을 주(主)로 하여 쓴 소설이, 우리 나라에서도 널리 애독되고 있는 「삼국지(三國志)」이다. 바르게는 「삼국지 연의(三國志演義)」라고 하며, 청 시대에 나관중에 의해 쓰인 장편 영웅 소설이다.

큰칼을 잘 다루던 관우(関羽), 창을 사용하던 장비(張飛), 천하 무적의 여포(呂布), 쌍검의 명인 조운(趙雲) 등의 호걸전이나, 작전의 천재라고 일컬어지는 백전 백승의 군사(軍帥) 제갈공명(諸葛孔明) 등의 이야기는, 현대에도 젊은이들의 피를 끓게 하는데 충분하다.

의화단 사건(義和団事件)

의화단이 일어난 것은 1887년, 독일의 신부가 하북 이화돈(梨花屯)에서 크리스트교를 포교한 결과, 신자가 늘어 민중의 신앙의 지표이던 옥황묘(玉皇廟 : 씨족신)를 부수고 교회를 세운 것에서부터 발단이 된다. 화가 난 농민들은, 관청이나 기관에 호소했지만, 상대해 주지 않았다.

그래서 고소마(高小麻) 등 18명은, 민중을 모아 교회를 부셨다. 이것에 가담한 민중은 '정기(正気)·의기(義気)·화기(和気)'를 약속하고, 그 집단을 의화단(義和団)이라고 이름 지었다. 이후, '하늘을 따라 도(道)를 실시한다. 부호를 죽이고 빈민을 구한다. 정치는 농민이 실시

한다. 청(清)을 멸망시키고 명(明) 시대를 맞이한다.' 라
는 것을 모토로 하여, 산동(山東), 하북(河北) 일대로 눈
깜짝할 사이에 퍼져, 각 촌마다 단체를 만들었다.

단장을 노조사(老祖帥)라고 부르며, 대사형(大帥兄),
이사형(二帥兄)이라고 부르는 간부가 있었다. 단원은 붉
은 두건과 붉은 대를 묶었다. 여자는 홍등조(紅灯照)라고
불리우는 붉은 헝겊으로 감싼 램프를 손에 들고, 붉은 신
을 신었다.

그러나, 언젠가 정부의 모략으로 스로우건이 부청멸양
(扶清滅洋)으로 바뀌었다. 거기에 의화단의 단련을 강화
시키려는 명목으로 황제의 명령이 내려져, 대도회(大刀
会), 순도회(順刀会) 등의 비밀 결사까지 여기에 끼게 되
었다.

청국(清國) 정부는 이 의화단을 이용하여, 외국의 공사
관 등을 공격시켰다. 그리고 의화단 쇠약을 보이자, 관병
과 교체시키는 등 열강에 대한 공격의 손을 늦추지 않았
다. 여기에서 열강은 회의를 열어, 일본·러시아·영국·
미국·불란서·독일·오스트리아 등 8개국 연합군을 만들
어 북경 성내를 공격하여 이들을 진압했다.

결국 의화단은 문혁(文革)을 위하여 일어났다가, 정부
에 이용된 채 물거품과 같이 소멸하여 갔다.

호신술의 사자무(獅子舞)

화남(華|南)이나 대만에서는, 연무의 개시에 이르기 전

에 사자가 춤을 춘다. 사자무는 정월이나 절귀(節句)는
물론 탄생일, 결혼식이나 신축 축하 등에도, 각각 식일
(式日)에 상당하는 것이 있다.

광동의 사자무는 불산(仏山)이 기원이다.

명(明)대 초기, 불산에 한 마리의 괴이한 짐승이 나타
났다. 눈이 크고, 입은 넓고, 긴 뿔이 1개 나 있으며 '년
년(年年)' 이라고 울기 때문에 불산 지방의 사람들은 '연
수(年獣)' 라고 불렀다.

연수는 매년, 연말이 되면 나타나서 밭이나, 작물을 망
쳐놓지만, 사람이나 가축에게는 위해를 끼치지 않았다.
그러나, 야채류에 피해가 많았기 때문에 사람들은 이것을
물리치려고 생각하여 대나무를 재료로 하여 종이를 붙여
사자 머리를 몇개나 만들었다. 그리고 연수가 나타나면
막대기를 두드리고, 사자 머리를 몇 번이나 돌리면서 쫓
았다.

그 후 연수는 나타나지 않았다. 이 때부터 사자무가 유
래되어 신춘(新春)이 되면 집집마다 춤추며 돌아다니게

되었다. 각 집에서는 사자가 오면, 문에 청록색의 야채를
장식하거나, 붉은 종이로 이 야채를 쌌다. 이것을 이름붙
이기를 '채청(菜青)' 이라고 했다.

사자무는 3인 1조로 사람과 사자나 동물과의 투쟁 모습
을 춤으로 나타내는 것이다. 이것도 호신술의 하나라고말
할 수 있는 것으로, 무술에 조예가 깊은 사람이 실시하는
경우가 많았다.

사자무도 근대에 이르러 여러가지 종류가 생겼고, 무술
개회식, 결혼식, 신축 축하식, 탄생일 축하, 정월에 각각
의 무법을 사용하게 되었다. 주빈이 사자의 눈에 먹을 넣
거나 하는 것은, 우리나라에서 오뚜기의 한쪽 눈에 대원
성취의 먹을 넣는 것과 비슷하다.

부록 실전호신술

호신술 당랑권(螳螂拳)의 기본(1)

기본   6로(其本六路)

호신술로써의 당랑권의 기본은 그다지 어렵지 않게 누구나가 다 익힐 수 있는 동작이다. 한 동작 한 동작을 주의 깊게 살펴보고, 그대로 따라서 흉내내어 연습해보자. 처음에는 생각대로 되지 않을지도 모른다. 그러나 자꾸 반복 연습하는 사이에 당신의 기술은 어느덧 몰라볼 정도로 향상되고 있다는 사실을 곧 알게 될 것이다.

모든 무술이 그렇듯이, 이 호신술 역시 청백한 무도정신에 입각하여 끊임없이 반복 연습하는 동안에 자연스럽게 숙달되고 연마되는 것

제1로(第一路)

준비자세 : 양 주먹을 허리에 갖다 붙이고 똑바로 선다   (이하 제2로~제6로 까지의 준비 자세는 같다).

①왼쪽으로 향해서 허리를 낮추고,   왼발을 앞으로 가볍게 나가며 허식(虛式)이 된다.

준비자세   1   2

이다. 무예를 익힐 때에는 무엇보다도 그 마음가짐을 바로하지 않으면 안된다. 선명한 마음 가짐 속에서만 올바른 기(気)를 모을 수 있기 때문이다.

무예를 닦음으로 인하여 건강을 증진하고, 나아가 호신(護身)을 기하여 삶의 행복을 추구하겠다는 선량한 마음가짐이 없이는 올바른 무도인이 될 수가 없는 것이다.

하나의 헛된 야심이나, 영웅심리에 의한 무도의 수련은 본인 뿐만 아니라 주위의 많은 사람들에게 까지도 큰 해악을 끼치게 된다. 따라서 무예를 온전히 자기의 것으로 연마하고 싶다면, 무엇보다도 먼저 청정한 마음을 갖도록 노력해야 할 것이다. 진정한 무예는 신(身) 아니라 기(気)로써 이루어지며, 기(気)는 그 마음가짐에서 비롯되기 때문이다.

---

② 왼발을 산을 오르는 식으로 나가며, 왼팔로 윗쪽을 막고, 동시에 오른주먹으로 앞에 있는 적을 공격한다.

③ 공격한 오른 주먹을 허리춤으로 끌어붙이며, 왼주먹으로 앞쪽에 있는 적을 향해 쳐올리듯 공격한다.

④ 오른발을 앞쪽으로 내딛으며 사진 1과 같은 자세가 된다.

3   4

제 1 로의 사용법

① 싸움이 붙게 되면 상대방을 향하여 자세를 취한다.

② 상대방이 오른주먹으로 공격해들어오는 찰라에, 왼주먹으로 막으면서 오른주먹으로 힘껏공격한다.

③ 상대방이 다음의 공격으로 옮기기 전에 먼저, 아까 상대방의 주먹을 막았던 왼주먹으로 상대방의 머리부분을 재차 공격한다.

제 2 로(第二路)

①왼발을 왼쪽 방향으로 내밀면서 왼손바닥
으로 공격한다.

②오른발을 내밀면서 동시에 오른주먹으로상
대방을 공격한다. 왼쪽주먹은 다시 허리춤으로
들어온다.

③발의 위치를 바꾸어 오른주먹이 들어옴과
동시에 왼주먹이 나간다.

④왼주먹을 끌어당기는 힘찬 반동으로 다시
오른주먹의 공격을 시도한다.

제 2 로의 사용법

① 상대방의 왼주먹 공격을 왼손으로 막는다.

1

② 오른주먹을 상대의 허리에 명중시킨다.

2

③ 상대방의 다음 공격인 오른주먹을 오른손으로 막는다.

3

⑥ 자세를 낮추며 오른주먹으로 상대의 옆구리를 강타한다.

6

⑤ 상대방이 다시 왼손 공격으로 나오면, 왼손으로 이를 막는다.

5

④ 3의 동작에 이어재 빨리 왼주먹으로 상대방의 복부를 공격한다.

4

제 3 로 (第三路)

① 왼발을 왼쪽 앞으로 내딛으며, 윗쪽으로 왼손 바닥을 내지른다.

② 오른발을 크게 앞으로 내딛으며, 산을 오르는 듯한 자세가 되어 오른쪽 팔꿈치를 돌려친다. 왼손바닥은 주먹으로 쥐어 허리로 돌아온다.

1

2

③발의 위치를 바꾸어 오른주먹
을 허리에 붙임과 동시에 왼쪽 팔
꿈치로 돌려친다.

④왼쪽 주먹을 허리에 붙이면서,
다시 오른주먹으로 앞쪽의 상대를
공격한다.

4

3

제 3 로의 사용법

① 상대의 왼손 공격을 왼손으로 받고, 오른발을 내딛으며 오른주먹 공격의 자세를 취한다. 뒤이어 왼손으로 상대의 왼팔을 잡아비틀며, 오른주먹으로 상대방의 머리를 공격한다.

1 — 1

1 — 2

② 만약 상대가 나의 오른주먹의 공격을 왼팔
로 막는다면, 즉시 왼주먹으로 상대의 머리를
공격한다.

2 - 2

2 - 1

③그래도 상대가 계속 공격해 들어온다면,
왼손으로 상대의 오른팔을 잡고 오른주먹으로
상대의 명치를 공격한다.

3 — 1

3 — 2

제 4 로(第四路)

① 왼쪽 방향으로 왼발을 진행하면서 양손을 사진처럼 낸다.

② 편 상태의 양손을 끌어당기면서 주먹으로 바꾸어 쥐고, 동시에 오른발꿈치로 낮게 찬다.

③ 찬 오른발을 뒷쪽으로 끌어당기면서, 오른주먹으로 상대를 공격한다.

1

2

3

제 4 로의 사용법

① 상대방의 오른손 공격을 양손으로 붙잡아당기면서 상대방이 힘을못쓰도록 제어한다.

1

② 오른발날로 상대방의 오른발 바깥을 찬다.

2

④오른발을 뒤로 빼
면서 오른손으로 상대방
의 가슴을 친다.

4

＊사진 4를 반대쪽에서 본 것.

③상대가 왼손으로 반
격해 들어오면 왼손으로
막는다.

3

제 5 로(第五路)

① 오른발을 앞으로 내어 사진 1과 같은 자세를 취한다.

② 다음에 오른발을 크게 벌려 앞으로 나아가면서, 왼손바닥으로 밀어낸다. 그 때 오른손은 안으로 들인다.

1

2 — 1　　　　　2 — 2

③ 체중을 왼발로 옮기며, 양
손으로 몸의 오른쪽을 붙잡는
것처럼 한다. 동시에 오른발끝
을 펴서 앞으로 걸어차듯 한다.

3 - 2

3 - 1

④찬 오른발을 끌어당겨 올린 채 붙인다. 곧 이어서 재빨리 좌우의 발을 바꾼다 (사진 참조).

4 — 1

4 — 2

4 — 3

4 −1~ 4 −3의 발모양

⑤끌어당겨 올린 왼발을 뒷쪽으로 딛으며, 양손을 아래로 내린다.

⑥허리를 오른쪽으로 돌려서 앞쪽을 향하고, 양손을 앞으로 향하게 하여 준비자세를 취한다.

6

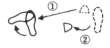

4 −3∼ 6 의 발모양

5

＊ 사진 5를 반대쪽에서 본 것

제 5 로의 사용법

① 상대의 오른주먹 공격을
왼손바닥으로 막아 떨어뜨린다.

② 오른주먹을 밑에서부터 위
로 쳐올리며, 전진 반격한다.

③ 상대방이 왼손으로 공격을
막을 경우, 오른손을 그대로
바깥쪽으로 미끄러지게 한다.

1

2

3 — 1

4

④몸을 옆으로 틀면서 오른
발로 상대방의 낭심을 찬다.

* 사진 4를 반대쪽에서 본 것

3 — 2

제 6 로 (第六路)

① 오른발을 앞으로 내딛으며, 준비 자세를 취한다.

② 사진과 같이 오른쪽으로 허리를 돌리면서, 양손을 몸 앞에서 원을 그리며 돌린다.

③ 왼발을 앞으로 내어 딛으며, 왼손바닥을 앞으로 하여 오른 주먹을 준비한다.

④ 왼발을 앞으로 내고, 오른쪽 주먹을 세워서 찌른다. 왼손은 편 채로 오른쪽 겨드랑이 밑으로 오게 한다.

⑤ 왼발을 오른발에 끌어붙이고, 왼주먹을 오른손바닥에 붙인다. 이 때 양 무릎은 충분히 구부린다.

⑥ 왼발을 옆쪽으로 벌려서 안정된 자세를 취한다. 동시에 왼발꿈치로 상대방을 공격한다.

1

2

3

6

5

4

* 4, 5의 발모양

제 6 로의 사용법

① 준비자세에서 상대의 오른주먹 공격을 허리를 오른쪽으로 돌리면서 양손을 함께 돌려서 방어한다.

② 왼발을 앞으로 내어 상대의 내민 발을 막는다.

③ 체중을 왼발에 이동시키면서 오른주먹을 상대의 가슴에 작열시킨다.

1 − 1

1 − 2

2

3

⑥ 왼발을 상대의 오른발 뒤로 빼어 안정된 자세를 취하면서, 왼쪽 팔꿈치로 상대의 옆구리를 강타한다.

6

⑤ 오른손으로 그 손을 막고, 왼발을 오른발에 붙이면서 몸을 낮춘다.

5

④ 만약 상대가 오른 주먹의 공격을 방어한다면,

4

호신술 당랑권(螳螂拳)의 기본(2)

공격적인 호신술

　호신술이 일반 무술과 다른 점이 있다면, 그것은 갑자기 닥쳐오는 재난으로부터 자신의 몸을 보호한다는 것이다. 일반적인 무술이 하나의 극기적(克己的)인 수행을 목표로 하고 있다면, 호신술은 단순한 방위의 성격을 띄고 있다.

준비 자세

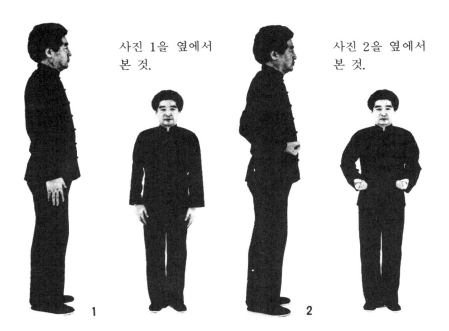

사진 1을 옆에서 본 것.

사진 2을 옆에서 본 것.

1

2

　① 기(気)를 모으는 자세로 자연스럽게 선다.　② 양손 주먹을 쥐고 허리에 붙인다.

일반 무술에 비하여 호신술의 범위가 넓은 이유 역시 갑자기 다가오는 재난으로부터 생명을 보호해야 한다는 목적이 있기 때문이다.

그래서 호신술을 완벽하게 마스터한다는 것은 그렇게 쉬운 일이 아닌 것이다. 언제 어느 때라해도 위기에서 자신의 생명을 구해낼 수 있는 용기와 실력을 쌓아야 한다. 그 길만이 호신술의 목적에 위배되지 않는 길이다. 말하자면, 호신술은 하나의 종합 무술인 셈이다.

여기에서는 몇 가지의 자세를 소개하고자 한다.

제 1 단계 공격 자세

③오른발을 뒷쪽으로 한 걸음 당긴다. 오른손은 얼굴 앞으로 붙이고, 왼손은 앞 방향으로 아랫쪽을 가리키는 것처럼 한다. 이어서 사진3-2와 같이 한다.

3 - 1

3 - 2

제 2 단계 공격 자세

④ 왼발을 앞으로 내밀고, 왼손을 앞쪽으로 낸다. 오른손은 주먹을 쥐고 오른쪽 허리로 갖다 붙인다.

⑤ 오른발을 앞으로 크게 벌려서 선다. 오른손을 사진처럼 돌려서 앞으로 낸다. 이때 왼손은 오른팔 아래로 오도록 한다.

4

5

판권
본사
소유

현대 호신술 교본

2024년 12월 15일 재판인쇄
2024년 12월 25일 재판발행

지은이 | 현대레저연구회
펴낸이 | 최 원 준

펴낸곳 | 태 을 출 판 사
서울특별시 중구 다산로 38길 59(동아빌딩내)
등 록 | 1973. 1. 10(제1-10호)

ⓒ 2009. TAE-EUL publishing Co.,printed in Korea
※ 잘못된 책은 구입하신 곳에서 교환해 드립니다.

■ 주문 및 연락처
우편번호 04584
서울특별시 중구 다산로 38길 59(동아빌딩내)
전화 : (02)2237-5577 팩스 : (02)2233-6166

ISBN 89-493-0694-0   13690